직원의 심리를 꿰뚫어줄

치과용
인문학

직원의 심리를 꿰뚫어줄 치과용 인문학

초 판 1쇄 2023년 09월 13일

지은이 조성용
펴낸이 류종렬

펴낸곳 미다스북스
본부장 임종익
편집장 이다경
책임진행 김가영, 신은서, 박유진, 윤가희, 정보미

등록 2001년 3월 21일 제2001-000040호
주소 서울시 마포구 양화로 133 서교타워 711호
전화 02) 322-7802~3
팩스 02) 6007-1845
블로그 http://blog.naver.com/midasbooks
전자주소 midasbooks@hanmail.net
페이스북 https://www.facebook.com/midasbooks425
인스타그램 https://www.instagram/midasbooks

ISBN 979-11-6910-326-8 03190

값 20,000원

미다스북스는 다음세대에게 필요한 지혜와 교양을 생각합니다.

치과 리더를 위한 실전 경영 가이드

직원의 심리를 꿰뚫어줄

치과용
인문학

조성용 지음

미다스북스

지금 대한민국은 바야흐로 대 MZ 시대다. 때문에 사회의 각 직업 분야에선 MZ세대를 이해하기 위해 복지와 혜택을 늘리는 등 여러 방면에서 노력하고 있다. 한 대기업에서는 직장 내 위계 서열 정점에 위치한 임원급 직원과 이제 갓 입사한 신입 사원이 서로를 이해할 수 있도록 사내 프로그램을 만들었다고 한다. 그만큼 MZ세대의 중요성이 막강하다는 걸 방증하는 사례로 꼽을 수 있을 것이다.

그렇다면 고위급 관리자까지 발 벗고 나설 만큼 MZ세대가 중요해진 이유는 무엇일까? 여러 이유가 있겠지만 가장 강력한 이유는 아무래도 퇴사율이 높다는 점이 아닐까 싶다. 과거 기업들은 지금만큼 구인난이

심하진 않았다. 어렵게 입사한 기업에서 퇴사한다는 건 수많은 난관(가족, 친구, 지인들의 반대)을 넘고서야 비로소 달성할 수 있는 또 다른 시험과 같았기 때문이다. 지금은 사회 분위기가 점점 개인의 감정, 욕구, 자아실현 쪽으로 집중되기 시작했다. 기존 한국 사회를 오랫동안 떠받들던 집단주의적 관점에서 개인주의적 관점으로 서서히 선회하기 시작하면서 많은 게 달라졌다. 이전과 달리 MZ세대에겐 더 이상 자신의 퇴사와 관련된 당위성을 검증받는 데 각고의 노력이 필요치 않아졌다. 오히려 당당히 퇴사하는 것이 자신만의 생각을 가진 계몽된 인간의 한 전형으로 추앙받기도 한다. 이는 치과계 또한 예외가 아님을, 치과위생사 비활동 인구의 절반 이상이 MZ세대에 편중돼 있다는 사실만 봐도 쉽게 알 수 있다.[1)]

만약 당신이 현재 치과에 속한 리더라면 이러한 현상에 한탄하며 쓸쓸히 다음 퇴사자를 맞이하기보다는 문제해결을 위해 다각도로 노력할 필요가 있다. 일반적으로 퇴사율을 줄이기 위해 치과에서 많이 하는 방식은 급여 인상과 복지 늘리기다. 물론 좋은 방법이고 큰 효과를 볼 수 있으나 언제까지 물질적 조건만으로 인간의 욕구를 선회시킬 순 없는 노릇이다. 따라서 한 가지 요소를 더 고려해야 한다. 바로 리더들의 '인간의 다양성에 대한 이해'이다.

이를 알기 위해선 우리 의식 저변에 자리하고 있는 과학적 사고방식에 주목할 필요가 있다. 근대시대 이후 과학의 발전은 생물학적 인간에 대한 이해, 물질로서의 인간의 원리를, 과거 그 어느 때보다 비약적인 통찰에 이르게 도와주었다. 그러나 동시에 다른 영역에서 바라볼 수 있는 인간의 모습은 외면하게 했다. 과학은 합리성을 전제로 한다. 실험과 관찰을 통해 원인과 결과를 분석하고 다양한 가설과 검증으로써 진리에 가까워진다. 그 진리가 자명한 것이든 아니든 인류는 과학적 결실 덕에 엄청난 문명의 발전과 물질적 혜택을 누릴 수 있었다. 신이 세상을 통치하던 중세 시대를 딛고, 인간의 이성과 합리성을 신의 자리에 임명한 인류사의 통쾌한 승리라 믿게 되었다.

하지만 20세기에 발발한 두 차례 세계대전은 이러한 합리성에 근거한 장밋빛 환상이 얼마나 위험할 수 있는가를 여실히 드러내었다. 이 같은 교훈을 얻기 위해 수천만의 인구가 희생되었음은 구태여 덧붙이지 않아도 모두가 알고 있는 사실이다. 여기서 주목할 점은 세계 2차 대전을 일으킨 히틀러가 자신의 사상을 뒷받침 해줄 과학적 근거로 제시한 개념이 바로 '우생학'이라는 점이다. 우생학은 인류의 구성원 중에서 우월한 인자만을 남기고 그 반대인 열등한 인자는 제거해야 한다는 이론이다. 그게 진화의 관점에서 더 이롭다는, 그 당시 기준에선 과학적, 합리적 결론이었다. 이를 바탕으로 나치 통수권자인 히틀러가 수많은 사람을 학살한다.

우생학이 간과한 것은 어떤 존재가 '우월'하다는 개념이 변할 수 있다는 사실이다. 시대나 상황에 따라 과거에 우월했던 조건이 얼마든지 '열등'한 조건으로 바뀔 수 있다는 뜻이다. 예를 들어, 우생학의 관점에서라면 세계대전 당시의 정황상 유색인종이 백인보다 유전적으로 열등하다고 볼 수 있다. 그런데 어떠한 이유로 자연환경이 변화해서 지구에 조사되는 자외선의 양이 훨씬 많아졌다고 가정해보자. 백인의 피부는 흑인에 비해 자외선에 굉장히 취약하다. 피부암에 걸릴 확률도 흑인보다 백인이 어마어마하게 높다. 이때 백인의 피부는 생존에 아주 불리한, 다시 말하면 열등한 조건이 된다. 이런 상황에서 백인의 인구가 여러 세대에 걸쳐 줄어들게 되면 자연스럽게 흑인의 피부는 우월의 상징이 된다. 열등과 우월이 고정된 진리가 아니라는 얘기다. 따라서 인류의 존속을 결정짓는 가장 강력한 조건은 '다양한 인종과 다양한 부류의 인간들이 함께 어울려 살고 있어야 한다'는 점이다. 현재 어느 한 특성이 열등해 보인다고 해서 그 특성을 가진 존재를 말살하게 되면 머지않아 집단 전체의 생존이 위험해질 수도 있다. 언제 어떤 환경변화에 마주칠지 알 수 없기 때문이다.

이러한 내용을 치과에도 적용할 수 있다. 치과 내에 존재하는 다양한 성향과 다양한 부류의 직원들은 각자 그 나름의 존재가치를 지니고 있다고 해석할 수 있을 것이다. 언뜻 경영자 입장에선 내 말 잘 듣는 직원, 센스 있는 직원, 적당한 연차를 가진 직원 등의 조건이 합리적이라 여길 수 있으나 지금처럼 급변하는 시장 환경에선 적용되지 않을 수 있다. 치과가 원하는 인재상을 구인하기가 비교적 용이했던 과거와는 달리, 현재는 집단 안에서의 다양성이 훨씬 중요시되는 사회로 변화했다. 인권이 그 어느 때보다 높아졌고, 사회구성원들은 각 개인의 가치와 자아실현 같은 자신의 삶에 집중하기 시작했다. 시대가 부여한 인식의 혁명을 어느 한 단체나 국가가 막아 내기란 거의 불가능하다. 받아들여야 하는 현실이다. 단순히 인류애적인 관점, 도덕적 박애 정신의 입장에서 서술하는 것이 아니라, '다양성'이라는 시대정신으로부터 발발한 구인난 전쟁을 해결하기 위해 내리는 인문학적 처방이다. 이는 오히려 마키아벨리즘[2]에 기반을 둔 차갑고 건조한 정치공학을 말하는 것이라고 보는 게 더 정확하다. 각 치과의 리더가 이에 대한 이해가 낮을수록 구인난 해결의 길은

묘연할 것으로 보인다.

    리더는 사람의 마음을 읽고 예측하고 전체 조직의 방향과 조화를 이루기 위해 끊임없는 통찰이 요구되는 자리다. 그렇기 때문에 인간의 본성과 집단의 보편적 본질에 대해 이해할 필요가 있다. 이 책은 이러한 지식의 부재로 고통받고 있을 누군가에게 필요한 최소한의 심리학, 인문학 지식을 담았다. 독자 중에는 분명히 나보다 훨씬 뛰어난 리더십을 장착한 사람들이 많을 것이다. 오히려 나 스스로는 내 리더십이 그렇게 뛰어나다고 생각해 본 적이 없다. 실수투성이에 때론 엉망진창이었지만, 그런 나조차 그럭저럭 리더 역할을 해나갈 수 있게 해준 건 순전히 이 지식들 덕분이었다. 그동안 실무 지식만 쌓으며 수없이 고통받아야 했던 치과 리더들에게 이 책이 조금이나마 보탬이 되었으면 좋겠다.

1

망한 치과 살리는
리더의 인문학

처음 치과 리더가 된 초보 관리자

대략 6년 전, 일반 치과위생사 직원이었던 나는 기존에 근무하던 지역에서 한 시간가량 떨어진(하지만 본가와는 더 가까운) 치과로 이직하면서 관리자 직함을 달게 되었다. 군대에서 분대장 경험과 대학 시절의 부과대 경험이 있었던 탓인지 딱히 부담이 되거나 하진 않았다. 지구가 일정 주기마다 공전함에 따라 연계적으로 변화하는 계절과 같은, 뭐 특별히 놀랄 필요 없는 직장 내 자연현상이라 여겼다.

호칭이야 어찌 됐든, 나는 그동안 해왔던 것처럼 맡은 일을 받은 만큼 해내기만 하면 되는 거라 생각했다. 하지만 얼마 뒤에 펼쳐진 현실을 통해 엄청난 오판이었음을 깨달았다. 범람하는 새 업무들과 앞으로 익혀야 할 내용들을 보면서 그동안 해오던 내 업무 스타일로는 감당할 수준이 아니라는 걸 느꼈다. 업무시간 안에 맡은 일을 다 해낼 수가 없었음은 물론이다. 거기다 그냥 직원이었을 때와는 달리 상사와 스태프들이 나에게 수많은 판단을 요구했고 그 판단 미스에 따른 책임도 내가 짊어져야 했다. 그중에서도 가장 힘들었던 건 사내 정치판에서 내 스탠스를 어떻게 가져가야 할지 도저히 감이 오질 않았다는 점이다. 우리 치과 구성원으로는 원장님 한 명에 관리자 한둘을 포함한 소규모 의원급 치과였는데, 여느 조직에서나 마찬가지겠지만 직원들 사이에서 예상을 뛰어넘는 오만가지 갈등들이 튀어나왔고 이를 허둥지둥 수습하길 반복하는 게 하루 일과 중 대부분이었다. 근 2~3년간 수없이 많은 직원이 나가고 들어왔는데, 무슨 동네 편의점 들락날락하듯이 그렇게 수시로 직원 교체가 발생했다.

시간이 지날수록 내 멘탈은 거의 가루가 되다 못해 액체를 건너뛰고 바로 기화될 지경이었다. 당시 나는 한창 내 마음의 문제 때문에 심리학 공부에 몰두하고 있었는데, 그 때문인지 멘탈이 썩 튼튼한 상태가 아니었다. 거기다 회사 관리자로서의 경험도 부재한 상황에서 처음 보는 직원들과 함께 일해야 하는 삼중고를 겪으며, 이곳을 최근 10년간 만나본 현실판 지옥 중에 가장 지독한 곳이라 여길 수밖에 없었다. 너무 벗어나고 싶었다. 심리학 공부에 좀 더 집중하고 싶은 욕구가 날마다 비대해졌다.

결국 2년 정도 일하고 윗선에 퇴사 얘기를 했다. 하지만 사측과 여러 이견을 조율한 끝에 일주일 중 화, 목, 토 3일만 출근하고(토요일 진료는 오전 10시부터 오후 1시까지였다.) 나머지는 내가 원하는 시간을 갖기로 했다. 덕분에 숨통이 트이는 기분이었다. 남는 시간엔 심리학 공부와 독서에 몰두하자고 다짐하며 행복한 날들이 기다릴 거라 믿어 의심치 않았다.

예상했겠지만 당연히 그런 장밋빛 미래님은 나에게 조금의 관심도 보이지 않았다. 이전보다 비교도 안 될 만큼 시간이 많아졌는데도 불구하고 오히려 공부가 하기 싫어지는 마법 같은 일이 펼쳐졌다. 무엇이 잘못된 걸까? 나는 왜 이렇게 생겨먹었을까? 나라는 인간은 왜 도무지 만족을 못 하는 걸까? 성찰을 위해 확보한 잉여 시간을 이런 식으로 자기 비하하는 데 다 써먹고 있었다. 그렇게 좌절의 늪에서 배영, 접영, 자유형하며 난리 블루스 추던 그때. 나는 어떤 철학 개념 하나를 접하게 되었고 그 이후로 모든 상황이 바뀌기 시작했다.

오르막이 있는 곳엔 반드시 내리막이 있다

당시에 나는 심리학 공부와 더불어 서양철학에도 관심을 가지는 중이었다. 심리학 이론들이 모두 철학 이론에서 나온 것들이다 보니 철학을 알지 못하면 심리학을 깊이 이해하는 데 한계가 있었다. 그래서 서양철학과 관련된 책들(비교적 쉬운 것들로 엄선해서)을 읽기 시작했는데, 거기서 헤라클레이토스[3]라는 고대철학자가 주장한 한 개념을 통해 번뜩이는 통찰을 얻을 수 있었다.

헤라클레이토스는 산의 오르막과 내리막이 언뜻 다른 것처럼 보이지만 모두 하나의 개념이라고 주장한다. 산자락을 올라가든 내려가든 길은 하나이지만 대립의 형태로 드러나는 것일 뿐이라는 얘기다. 그는 모든 개념이 이런 대립의 상태에 있음을 강조하고 투쟁과 모순이 불가피하다는 것을 역설한다. 산의 내리막을 내려올 때 희열을 느끼는 사람은 힘들게 올라야 하는 오르막이 없었으면 좋겠다고 생각한다. 하지만 오르막을 없애는 순간 내리막도 함께 사라진다. 존재는 모두 대립의 상태로 존재한다.

이 개념을 내 상황에 대입해 보았다. 나는 그동안 내 삶에서 싫어하는 일이 사라지고 좋아하는 일만 생겨날수록 행복할 거라 생각했다. 하지만 헤라클레이토스의 개념에 따르면, 내가 좋아하는 일을 계속 좋아하게 만드는 가장 강력한 전제 조건은 바로, 내 삶 속에 '싫어하는 일이 반드시 존재해야 한다'는 사실이다. 이 둘은 다른 개념이 아니다. 산의 오르막과 내리막, 동전의 앞면과 뒷면처럼, 싫어하는 일과 좋아하는 일은 서로가 서로를 존재하게 해주는 필수 불가결한 개념이었던 것이다. 따라서 싫어하는 일(치과 일)을 없애면 좋아하는 일(심리학 공부)도 함께 사라진다.

학창 시절을 생각해 보니 비슷한 경험이 떠올랐다. 나는 초중고 때 온라인 PC게임을 굉장히 좋아했었다. 세계 최초의 온라인 게임 〈바람의 나라〉를 비롯해 같은 회사에서 출시된 〈어둠의 전설〉, 전략 시뮬레이션의 지존 〈스타크래프트〉, RPG의 제왕 〈디아블로〉, 자유도의 끝판왕 〈울티마 온라인〉까지. 그 외에도 다양한 종류의 게임에 빠지며 현실에선 접해볼 수 없는 성장의 쾌감을 느꼈다. 나뿐만 아니라 그 당시엔 PC게임을 좋아하지 않는 학생을 찾아보기 힘들 정도였다. 공부라는 의무에 지친 우리들에겐 게임 속 각양각색의 비현실적 세계관은 너무나 매혹적인 스트레스 해소 창구였기 때문이다. 특히 시험 기간만 되면 게임에서 얻는 쾌감이 2배 3배로 증폭되곤 했다.

"게임만 하면서 살면 얼마나 좋을까? 세상에서 제일 행복한 사람은 아마도 프로게이머가 아닐까?" 이런 생각을 하는 학생이 비단 나뿐만은 아니었다. 나는 재능이 없다 믿은 관계로 상상에 그칠 뿐이었으나 실제로 프로게이머가 되기 위해 노력하는 친구들도 있었다. 그런데 프로게이머가 되면 오히려 게임을 하기 싫어하는 경우도 많다는 얘길 들었다. 그중에서도 게임을 많이 하고 싶다는 생각만으로 프로게이머 세계에 입문한 사람들이 오래 못 견딘다는 얘기를 듣고 의아하게 생각했었던 기억이 난다. 하고 싶은 걸 원 없이 하는데 왜 못 견디는 거지?

헤라클레이토스에 비추어 생각해 보니 그 현상이 바로 납득이 갔다. 그 시절 내가 좋아한다고 여긴 대상은 사실 진짜 좋아한다고 보기 어렵다. 게임이 좋은 이유는 공부가 하기 싫기 때문이다. 게임이라는 그 대상 자체, 그 본질 자체가 좋은 게 아니라 자신이 해야만 하는 의무로부터 도망가기 위해 게임을 선택한 것일 뿐, 게임이 의무가 되는 순간 새로운 피난처를 물색한다. 공부라는 의무로부터 도망친 결과가 게임이듯이, 게임이라는 의무로부터 도망가기 위해 또 다른 쾌락 재화를 찾는다. 그리고 이 사이클이 몇 번 반복되다 보면 뭔가 이상하다는 걸 느끼고 스스로 묻는다. "도대체 내가 좋아하는 게 뭘까? 아니, 좋아함이라는 개념 자체가 뭘까?"

혹시 현재의 나도 치과 일이라는 의무로부터 도망치기 위해 심리학 공부가 좋았던 걸까? 그래서 심리학 공부가 의무가 된 지금 심리학이 싫어진 걸까? 그랬던 거 같다. 학창 시절에 의무가 공부였다면 지금은 치과 일이 된 것밖에 없다. 사실 내가 정말로 싫어했던 건 공부가 아니었다. 치과 일도 아니었다. 바로 '해야만 하는 의무'였다. 마찬가지로 내가 정말로 좋아했던 건 게임도 아니고 심리학도 아닌 '의무로부터 도망칠 수 있는 파라다이스'였다. 하지만 심리학 공부는 좋아하고 자시고를 떠나서 지속해야만 하는 이유가 명백했기 때문에 결코 포기할 수 없었다. 앞으로 이 험난한 세상에서 사랑하는 사람들과 행복하게 살려면 무조건 해야 하는 활동이었다. 나에게 심리학은 그냥 하기 싫다고 버릴 수 있는 그런 개념이 아니었다. 때문에 이 딜레마가 나를 괴롭혔다. 어떻게 방법이 없을까?

계속 고민하던 나는 단 하나밖에 없는 유일한 선택지가 있음을 깨달았다. 지금 내가 해야만 하는 일, 하기 싫은 그 일을 기꺼이 하기로 다짐한 것이다. 모든 것은 대립의 상태로 존재하므로 싫어하는 일을 없애면 좋아하는 일도 함께 사라지듯이, 싫어하는 일을 없애지 않고 내 삶에 못 박아두면 좋아하는 일도 마찬가지로 사라지지 않을 거라 판단했다. 즉, 이 개념을 역이용한 것이다. 그렇게 하면 심리학을 계속 좋아할 수 있을 거라는 확신이 들었다. 만약 헤라클레이토스가 옳다면 훗날 이 진리가 나에게 '참'임이 증명될 것이라 믿었다.

사색을 마친 나는 다시 원래의 근무 형태로 돌아가기로 마음먹었다. 하기 싫은 일, 스트레스받는 일, 관리자로서 리더의 역할과 같은 이런 의무들이 나에게 얼마나 소중한 개념인지 그제야 깨달았기 때문이다. 이 의무로부터 도망치는 순간 앞으로의 내 목표와 꿈들이 모조리 깨진다는 걸 알았기 때문이다. 그렇게 해서 나는 관리자가 된 지 약 2년 만에, 현실과 맞설 수 있는 강력한 진리관 하나를 획득하게 되었다.

퇴사하지 않을 결심

물론 다시 정상 근무로 복귀했다고 해서 당장 드라마틱한 변화가 만들어지진 않았다. 여전히 깨지고 밟히며 내 멘탈의 내구력을 시험받기 일쑤였다. 하지만 이전과 크게 달라진 점은 퇴사를 내 안식처로 삼지 않았다는 점이당. 나는 힘들 때마다 퇴사라는 무기가 있으니까 언제든 도망갈 구멍이 있다고 생각했다. 여차하면 나랑 안 맞는 이곳을 떠나 나와 잘 맞는 곳을 찾으면 그만이라고 믿었다. 그러나 내 직감은 이런 기만을 가만두지 않았다. 무의식적으로는 여기서 그만두면 어디서든 적응하기 힘들 거란 걸 알고 있었다. 헤라클레이토스의 통찰이 이를 증명했다. 때문에 복귀하고 나서부터는 고통과 스트레스에 대해 다르게 반응했다. 업무에 문제가 생기고 스태프들과 트러블이 발생했을 때 이전처럼 퇴사 생각을 하며 아무 일 없이 지나가길 바라는 미온적 태도를 버리려 노력했다. 그리고 왜 이런 문제가 생겼는지 두 가지 관점에서 항상 분석하고 메모했다.

첫 번째 관점은 이 문제의 발생 배경이 혹시 "내가 아직 모르는 업무 지식 때문인가?"이다. 이를테면, 나는 치과기공소와 직접 컨택하는 기공물 담당자 역할도 맡고 있었는데, 나와 비슷한 역할을 하는 담당자는 공감하겠지만 기공소에선 여러 가지 사유를 대면서 치과의 요구를 잘 들어주려 하지 않는다. 물론 기공소마다 조금씩 다르고 치과와의 이해관계에 따라 변하기도 한다. 그런데 당시 우리 치과는 매출이 정말 위험한 시기였고 주문량도 얼마 안 되던 때라 기공소에서 아예 대놓고 버티는 경우도 있었다. 그때 당시 내 인식의 변화를 보자면, 처음엔 단지 우리 치과가 주거래 치과가 아니라는 이유로 이렇게 말을 안 듣는 거라고만 생각했다. 하지만 기공물의 양이 많아져도 여전히 기공소 컨트롤이 어렵다는 걸 느꼈고 그제야 내가 가진 치과 기공에 대한 지식이 문제였다는 걸 깨달았다. 이후로는 기공소 소장님한테서 얻을 수 있는 기공 관련 지식을 계속 질문하면서 관련 데이터를 쌓았다. 그리고 기공 자료들, 유튜브, 관련 서적들을 보면서 치과 기공에 대한 이해도를 비약적으로 높여놓았다. 그 뒤부턴 우리가 요구하는 기공소에 대한 니즈와 실제 기공소에서 채워줄 수 있는 우리의 욕구 사이의 비합리적인 간극을 메울 수 있었다. 관련 지식이 없어서 나도 모르게 과도한 요구를 하고 있었던 부분과 기공소에서 해줄 수 있는데도 넘어가려는 부분을 구분하는 시야가 생기면서 이전보다 훨씬 수월하게 내 의도대로 거래하게 되었다.

두 번째 관점은 이 문제의 발생 배경이 "내가 아직 모르는 인간과 조직의 행동 패턴 때문인가?"이다. 앞에서 언급했듯이 나는 관리자가 되기 직전에도 심리학 공부를 하고 있었다. 그래서 인간의 마음과 행동 패턴을 남들보다 꽤 안다고 자부했으나 그 깊이가 얕았고, 또 심리학 지식만으로는 실제 내가 겪는 인간 군상을 합당하게 설명하기 어려웠다. 그래서 철학과 역사, 문학, 자기계발서를 함께 보면서 좀 더 폭넓은 시야를 갖추려 노력했다. 또한 이런 지식을 바탕으로 내가 이끄는 조직에 계속 대입해 보면서 다양한 시행착오를 겪었다. 그리고 2019년 6월에는 내가 사는 지역을 기반으로 하는 성인 대상 독서 모임을 만들어서 운영했는데 (현재도 운영 중), 이때 이 모임을 함께 이끌 운영진과 중간 리더들을 채용하게 되었고, 치과에만 있었다면 절대 몰랐을 인간에 대한 다양한 반응과 패턴에 대한 실전 경험을 추가로 쌓을 수 있었다. 이 경험은 다시 치과에서 관리자 역할을 하는 데에 큰 힘이 되어주었다.

결과적으로 2020년 중반쯤부터 내가 퇴사하게 된 2023년 초까지, 약 3년 동안 우리 치과에서 아무도 퇴사하지 않았다. 정확히 말하면 딱 한 명 있긴 있는데, 제대로 근무했다기보다는 입사 후 이틀만 나오고 다른 사정으로 그만두었던 케이스였다. 극심한 구인난에 신음하는 지금의 치과계에선 이례적인 결과가 아닌가 생각한다. 물론 이것은 당시 함께 일했던 구성원 모두의 노력이 빚어낸 결과물이다. 하지만 나에게 이 결과가 의미를 가지는 건, 이전처럼 리더로서 갈등을 외면하거나 방관하지 않고 최선을 다했을 때와 그렇지 않을 때, 그에 상응하는 차이가 발생한다는 사실을 깨닫게 해주었기 때문이다.

이 책은 그때의 나처럼 제대로 된 마음의 준비 없이 누군가의 리더가 된 모든 치과 종사자의 정신적 연착륙을 위한 목적으로 만들어졌다. 여기서 말하는 마음의 준비란 리더가 될 것을 한참 전에 미리 고지받은 상태를 뜻하는 게 아니다. 스스로 리더가 될 거라고 예상했든 안 했든 자기 능력이 리더의 위치에서 제대로 기능할 수 있는가에 대한 명확한 인식을 갖춘 상태를 말한다. 이 부분은 사실 리더가 되기 전엔 제대로 알기 어렵다. 리더가 되고 나서야 비로소 자신에겐 어울리지 않는 옷이었다는 걸 깨닫거나, 또는 잘 맞는 맞춤복이라는 걸 알게 되는 경우가 더 많기 때문이다.

현재 시중에는 치과 리더들을 위한 구체적이고 실용적인 내용들을 담은 책들이 상당히 많이 나와 있다. 하지만 그런 실용 서적들만 읽어서는 제대로 된 효과를 보기가 어렵다. 리더는 단순히 실무만 잘하는 사람이 아니기 때문이다. 아까 말했던 첫 번째 관점, "내가 아직 모르는 업무 지식 때문인가?"와 같은 내용들이 중요하다는 사실은 대부분 인지하고 있을 거라 생각한다. 이와 관련된 수많은 세미나가 방증한다. 그러나 두 번째 관점, "내가 아직 모르는 인간과 조직의 행동 패턴 때문인가?"를 진지하게 문제 삼는 경우는 그리 많지 않은 것 같다. 왜 그럴까? 이러한 현상은 러시아의 대문호, 톨스토이의『안나 까레리나』에서 나오는 한 문장을 통해 힌트를 얻을 수 있다.

"사람들은 자기 재산에는 만족하지 못하지만 자신의 지혜에는 만족한다."

인간은 인식 구조상 자신이 현명하다고 믿는 경향이 있다. 이미 알고 있는 인간의 모습과 삶의 지혜가 세상에 존재하는 전부라 생각하는 것이다. 열 살짜리 어린아이는 본인이 아는 인간의 행동 패턴이 전부라 믿는다. 하지만 스무 살이 되면 그때의 자신이 어리석었다고 여긴다. 스물이 된 지금이 인간과 세상의 지혜를 전부 파악한 상태라 믿는다. 그러나 미래에 30세, 40세, 50세가 된 스스로의 눈에 비친 20세의 자신은, 인간에 대해 아는 것이 별로 없는 철부지일 뿐임을 모른다. 그렇기 때문에 인문학과 같은 인간에 대한 지식을 쌓는다는 게 어색할 수밖에 없다. 왜냐하면 모든 학습은 모른다는 걸 스스로 아는 데서부터 시작하기 때문이다. 경영 세미나, 템포 세미나, 보험 세미나는 자신이 경영과 템포와 보험을 잘 모른다는 걸 스스로 알기 때문에 듣는다. 만약 리더십 문제로 인문학 관련 자료를 자발적으로 찾아본 적이 없다면, 그 사람은 아마도 자신이 인간에 대해 많이 알고 있다고 자부하는 사람일 가능성이 높다. 하지만 역설적으로 그런 사람일수록 인간을 잘 모른다.

리더란 무엇인가?

철학의 역할 중 하나는 세상의 존재에 대해 정의를 내리는 것이다. 그 것이 눈에 보이는 실제 대상이든, 상상과 사유로만 접할 수 있는 보이지 않는 추상적 개념이든, 철학은 그 존재가 다른 것들과 다르면서 동시에 오롯이 그것일 수 있게 하는 그 무엇을 찾는 논리적 활동이다. 혹시나 초 반부터 졸릴까 봐 구체적인 예시를 한 번 들어보겠다.

의자라는 존재가 왜 의자인지 한 번 알아보자. 의자는 왜 의자일까? 무 엇이 의자를 의자이게 만드는 걸까? '나무로 된 물체'가 의자일까? 듣자

마자 아니라는 걸 바로 알 수 있다. 나무로 된 물체는 의자뿐만 아니라 책상을 비롯한 다양한 가구, 나무배, 오두막집 등, 지금 생각나는 걸 다 적으면 페이지가 모자랄 만큼 셀 수 없이 많이 들 수 있다. 그렇다면 다리가 4개인 것이 의자일까? 말도 안 된다. 다리가 4개인 의자들이 많긴 하지만 자동차 좌석처럼 다리가 아예 없는 의자들도 있고 디자인에 따라 2개, 3개만 있는 의자들도 얼마든지 존재한다. 그렇다면 무엇이 의자를 의자이게 만드는 조건일까? 몇 가지 의견들이 있겠지만 '앉기 위한 목적으로 만든 존재'라는 정의가 의자를 의자이게 만들어 주는 가장 합당한 설명일 것이다. 실제로 의자가 무엇인지 사전에 찾아보면 앉기 위한 가구라고 나온다.

지금처럼 의자가 의자일 수 있게 해주는 조건, 그 존재가 그 존재이도록 만들어 주는 성질, 이것을 철학 용어로 '본질'이라고 부른다. 본질을 가진 모든 존재는 다른 것들과 구별할 수 있도록 그 본질을 중심으로 정의 내려진다. 의자가 책상이 아니고, 거울이 아니고, 문지방이 아니고, 사람이 아니고 오롯이 의자인 이유는 '앉기 위해 만들어진 존재'라는 의자만의 본질 때문이다. 철학은 보통 이런 짓을 한다. 그런데 이런 활동이 도대체 내 현실과 무슨 상관일까? 본질을 찾고 정의를 내리는 철학이 내가 잘 먹고 잘

사는 구체적 삶의 맥락에 어떤 실익을 주는 걸까? 충분히 가질 수 있는 의문이다. 그래서 조금 더 우리 현실에 와닿을 만한 얘기가 필요하다.

행복의 본질

행복에 대해 철학적으로 알아보자. 이 단어를 모르는 사람은 아마 없을 거라 생각한다. 많은 현대인이 하루에도 수십 번씩 행복이라는 단어를 사용하고, 수백 번도 더 티비, 유튜브, 책, 라디오 등등 나를 둘러싼 온갖 미디어 매체를 통해 보고 듣고 있다. 그런데 만약 행복이 무엇이냐고 당신에게 물어보면 바로 답할 수 있는가? 당신이 생각하는 행복의 정의는, 그 본질은 무엇인가? 당신이 생각하는 행복과 불행은 어떤 차이를 가지고 있는가?

현대인들은 초콜릿을 먹는 것, 유튜브 보는 것, 자고 싶을 때 자는 것 등을 행복이라 부르다가도, 높은 산을 오르기 위해 힘겹게 등산하는 것, 자기 자신을 극복하며 희열에 차는 것, 자녀를 키우면서 보람을 느끼는 활동 같은 것들도 마찬가지로 행복이라고 부른다. 초콜릿을 먹을 때 느끼는 행복과 등산을 하며 느끼는 행복이 전혀 다른 본질이라는 걸 모른체 다 같은 행복이라고 본다.

미국의 심리학자 마틴 셀리그만의 '긍정심리학'에서는 전자에 언급한 초콜릿 먹기 같은 행위들을 '쾌락'이라 정의한다. 쾌락은 즉각적으로 감각적 쾌감을 얻을 수 있지만 쾌감을 누리는 바로 그 순간부터 빠른 속도로 사라지고, 심해지면 오히려 후회와 불쾌감을 남긴다. 먹고 싶었던 음식을 먹는 순간에는 너무 기쁘지만, 한 입 두 입 더해질수록 빠르게 쾌감이 식는다. '소확행'이라는 신조어도 이 쾌락에 기반하고 있다. 반면 후자에 언급한 운동, 자기 계발 같은 행위들은 '만족'이라 정의한다. 처음 시작할 때는 스트레스를 주지만 막상 하게 되면 서서히 쾌감을 주며, 몰입 단계에 이르면 아무런 정서가 없는 상태가 된다. 그리고 그 활동이 끝났을 때 좋은 느낌을 받는다. 심지어 만족은 개인의 정신적, 신체적 성장까지 도와준다.

현대인들이 사용하는 행복이라는 정의를 자세히 살펴보면 이 쾌락과 만족이 뒤섞여 있다. 어떤 사람에겐 쾌락이 행복이고 어떤 사람에겐 만족이 행복이다. 본질이 다른 것이다. 그런데 만약 쾌락을 행복의 본질이라고 생각하는 사람이, 어느 날 자신이 즐겨보던 티비 프로그램에서 평소에 상당히 존경하던 한 방송인이 출연해 "당신의 삶이 지금 힘든 것은 행복을 제대로 누리지 않기 때문입니다"라고 하는 말을 들었다고 하자. 이 사람은 어떻게 행동할까? 심한 경우 다니던 회사에서 퇴사하고 쾌락만 누리려 할 수도 있다. 아무런 스트레스를 받지 않고 자고 싶을 때 자고 먹고 싶을 때 먹어야 행복하다 믿기 때문이다. 현재 자기 삶이 만족스럽지 않다 느낄수록 더할 것이다. 그런데 쾌락은 강력한 부작용을 가지고 있다. 많이 누릴수록 무기력과 우울에 취약하게 만든다는 점이다. 실제로 쾌락을 자신의 중심 행복관으로 가진 사람들이 삶에 대한 만족도가 낮은 경향이 있다. 행복하기 위해 했던 행동으로 인해 도리어 불행해지는 악순환에 빠진다.

만약 그 티비 프로그램에서 의도했던 행복이라는 개념이, 사실은 자기 자신을 성장시키고 스트레스를 이겨내라는 '만족'의 개념이었다면 어떨까? 이 사람은 그 방송인의 의도와는 정반대의 행동을 하게 된 셈이다. 이렇듯 현대 사회에선 행복이라는 개념의 본질을 제대로 구분해서 사용하지 않다 보니 자신에게 맞는 대로 해석하고 엉뚱한 해답을 얻게 된다.

리더십을 다루는 책에서 왜 생뚱맞게 철학과 본질에 관해 얘기를 할까? 아마 눈치챘을 거로 생각하는데, 리더에 대한 정의를 내리고자 함이다. 아니, 정확히 말하면 '스스로 리더에 대한 정의를 내리는 것이 얼마나 중요한지'를 말하고자 함이다. 이러한 정의를 제대로 내리지 않고 어렴풋이 가진 상태에서는, 리더로서 당신이 겪을 고충이 어마어마해지기 때문이다. 게다가 주변에서 자신을 위해 해주는 충고도 엉뚱하게 받아들일 가능성이 높다.

내가 생각하는 리더의 본질은?

리더라는 말을 사전에서 찾아보면 '조직을 이끌어가는 사람'이라고 나온다. 하지만 이끈다는 게 도대체 무슨 뜻일까? 물리적으로 상대의 손을 잡고 A라는 장소에서 B라는 장소로 이동하는 걸 뜻하진 않을 거라는 데에 모두 동의하겠지만, 곰곰이 생각해 보면 이끈다는 의미는 상당히 추상적이고 넓은 개념이라는 걸 알 수 있다. 여기서 조금 더 본질로 나아가면 '조직을 구성하는 사람들을 조직의 목표와 목적 달성을 위해 그 방향으로 이끌어 가는 사람'이라는 데에 도달하지 않을까 싶다.

내 생각에 여기까진 대부분 동의할 거라고 본다. 하지만 그다음부터 갈린다. 바로 "무엇을 통해 이끄는가?"이다. 즉, 리더가 조직원들과 그 조직 전체가 목적 달성을 하게 만들기 위한 어떤 중요한 리더만의 자원이 있어야 한다는 뜻이다. 그게 무엇일까? 돈일까? 조직이 목적을 달성하는 데 가장 많은 돈을 사용하는 사람이 리더일까? 아니면 실무능력? 압도적인 실무능력으로 목적 달성에 기여하는 사람이 리더일까? 그것도 아니면 책임감? 책임감을 가장 강하게 가진 사람이 리더일까?

내가 생각하는 리더의 본질은 '인간에 대한 이해'이다. 조직의 목적 달성을 위해 구성원들의 인간적 성향을 파악하고 예측하며 소통의 중추적 역할을 하는 사람. 그 조직에서 인간에 대한 이해가 가장 높은 사람. 나는 그런 사람을 리더라고 정의한다. 책임감도 물론 리더의 중요한 덕목이지만 이것은 필요조건이지 충분조건은 아니다. 본질은 충분조건에 부여된다. 그래서 나의 기준대로라면 직책은 큰 의미를 가지지 않는다. 입사한 지 엄청 오래 되지 않아도 인간에 대한 이해가 높고 전체 상황을 조율할 줄 아는 인문학적 시야를 갖췄다면 그 사람이 내 기준에선 진짜 리더인 셈이다.

그런데 '실무능력이 가장 좋은 사람'을 리더라고 정의하게 되면 어떤 현상이 일어날까? 가상 시나리오를 한번 만들어 보자. 어느 한 의원급 치과에서 근무하는 A라는 진료실 팀장이 뛰어난 실무능력을 바탕으로 총괄실장 타이틀을 달았다고 치자. 그리고 이 사람은 리더라는 정의를 '실무능력이 뛰어난 사람'이라고 생각하는 사람이다. 즉, 실무능력을 본질로 설정한 경우다. 그에 합당하게 실무능력이 가장 뛰어났다. 그동안 진료실 팀장까지는 '실무능력이 가장 좋은 사람'으로서의 리더 역할만으로도 진료실 내에서 활약할 수 있었다. 하지만 조직 전체의 유기적인 상황을 고려해야 하는 총괄실장이 되었는데도 이러한 리더에 대한 정의를 가지고 있다면 난감한 상황에 놓일 수 있다.

치과 실장의 특성상 진료실에서 직접 뛸 일이 줄어들고 환자와의 상호작용이 압도적으로 늘어난다. 때문에 기존에 하던 실무의 영역이 달라진다. 오로지 실무능력만으로 조직원들을 다그치고 자기 말을 듣게 하는 정도의 리더십을 가졌던 이 A라는 초보 실장은 이때 엄청난 두려움을 느낀다. 즉, "내가 너희보다 일을 잘하니까 너희는 내 말을 들을 수밖에 없다"라는 전제 하나로 리더십을 발휘했던 사람이라 난관에 부딪히는 것이다. 왜냐하면 진료실 스태프들과 자신의 실무 영역이 달라지면서 그 전제가 깨지기 때문이다.

실수하지 않는 모습, 철두철미한 모습을 기반으로 리더십을 발휘했었는데 진료실에 들어가면(오랜만에 들어갔으니) 실수할 가능성이 커진다. 게다가 실장이 됨과 동시에 환자 상담이나 데스크 업무를 시작하게 되는 상황이라고 해보자. 이 경우 실장으로서의 업무 실력이 향상될 때까지 시행착오를 겪게 될 수밖에 없기 때문에 이런 업무적 빈틈으로 인해 스태프들이 혹여나 말을 듣지 않을까 하고 두려움에 떨게 된다.

지금 가상으로 설정한 A라는 신규 실장의 문제는 무엇일까? 바로 자신이 생각하는 '리더의 정의'가 문제라는 걸 인식하지 못하고 있다는 점이다. 실무능력이 이전처럼 압도적이지 않아도 리더 역할을 할 수 있다는 사실을 상상조차 하지 못하는 것이다. 물론 실무능력이 너무 낮으면 문제가 되지만 상황을 극복하고자 하는 노력의 방향이 오로지 그쪽으로만 배분된다는 점이 위험하다는 뜻이다. 아까 언급한 무한의 쾌락을 추구하면서 행복하길 원하는 사람과 같은 상태라고 볼 수 있다. 이런 상황에선 최대한 실수를 들키지 않으려고 계속 거짓말을 하거나, 자신이 잘한 일을 자꾸 드러내거나, 경우에 따라선 누군가의 공을 가로채 간다. 진료실에 가급적 들어가지 않으려 하므로 또 다른 마찰의 원흉이 되기도 한다. 그래야 리더로서 살아남는다고 믿는다.

당신이 이제 막 리더가 되었다면 어떤 것을 중심 가치로 놓을 것인지 고민할 필요가 있다. 거기에 맞춰 당신이 하는 모든 노력과 방향이 결정되기 때문이다. 그 중심 가치는 당신이 내리는 리더에 대한 정의, 그 본질에 따라 정해진다. 꼭 나와 같은 정의를 내릴 필요는 없다. 이 책을 다 읽고 나서도 내 의견에 동의한다면 같은 정의를 내릴 수 있겠으나 그렇지 않다면 자신만의 독자적 정의를 내려 보길 권한다.

리더가 무엇인지 그 내용 자체보다는 자신이 그 내용을 명확히 인지하고 있다는 것이 훨씬 중요하다. 사실 앞선 A실장이 '실무가 가장 뛰어난 사람'을 리더의 정의로 설정한 것은 그리 큰 문제가 아니다. 그 상태로 여러 시행착오를 겪으며 이 본질이 어떤 문제점을 발생시키는지 경험하고 개선하고 새로운 리더에 대한 정의를 수립하면 된다. 문제는 자신이 생각하는 리더가 뭔지 제대로 인식하지 못한 상태로 시행착오만 계속 겪는 상황이다. 이 상태에선 왜 이런 고통을 받는지 전혀 이해하지 못하고 엉뚱한 해결책으로 사태를 더 악화시킬 가능성이 높다. 쾌락만을 자신의 행복으로 정의한 것 때문에 영원히 불행한 사람이, 자신의 행복관에는 아무런 문제가 없고 자신에게 더 거대하고 지속 가능한 쾌락을 주지 못하는 현실이 문제라 믿는, 그런 상태가 문제이다.

다시 말하면 자신이 생각하는 리더는 무엇인지, 그 본질이 무엇인지 '인식하고 있는 상태'가 핵심이다. 만약 인식하고 있다면 그 기준을 바탕으로 여러 가지 시행착오를 겪어보길 바란다. 나 또한 지금 내린 리더에 대한 정의가 마지막이라 생각하지 않는다. 배움과 경험이 깊어짐에 따라 변할 것이고 변해야 한다고 믿는다. 중요한 건 철학을 통해 자신이 무엇을 중요하게 여기는 사람인지 알아가는 것이다. 리더에게 자기 자신을 아는 것보다 중요한 건 없다.

아프니까 성숙이다(질적 발달과 양적 발달)

모든 아이는 성인이 된다. 세월에 비례해 키도 커지고 목소리도 변한다. 이차 성징과 함께 성별에 따른 특징이 점점 뚜렷해진다. 우리는 이러한 변화에 성장이라는 단어를 사용한다. 소수의 사례를 제외하면 어느 시대 어느 나라에서나 참인 내용이다. 그런데 인간은 육체만 성장하지 않는다. 흘러간 시간만큼 마음도 같이 성장한다. 자신과 함께 자란 반려견이 무지개 다리를 건너는 사건, 깊었던 첫사랑과 헤어지는 아픔 등을 견디며, 작은 책임에도 버거워하던 코흘리개 아이는 어느새 훌쩍 자라서 누군가의 리더가 된다.

육체와 정신의 발달. 이 두 가지 외적 내적 성장을 적절한 시기에 적절한 만큼 성취한 상태를 '성숙'이라 부른다. 아이는 흘러간 시간과 함께 성숙한 어른이 된다. 사실 육체의 변화를 뜻하는 물리적 성장보다는 후자의 성장 개념이 성숙의 본질에 더 가깝다. 즉, 성숙한 어른이란 정신적인 마음의 성장을 단계에 맞게 잘 발달시킨 어른에게 부여하는 사회적 훈장이라 볼 수 있다.

육체적 성장과는 달리 정신적 성장은 자연스럽게 획득되지 않는다. 우리 몸은 영양소만 문제없이 잘 받쳐준다면 알아서 쑥쑥 자란다. 비록 그 완성된 형태가 자신의 이상적 모습은 아닐지라도 잉태와 동시에 유전자에 각인돼 있던 최초의 형상과 큰 차이가 나진 않을 것이다. 반면 정신적 성장, 마음의 상태는 스스로 노력하지 않으면 추후 내 삶을 망가뜨릴 만큼 어릴 적 수준에서 멈춰 버릴 수도 있다.

그렇다면 왜 정신적 성장은 몸이 자라는 것과 다르게 적극적으로 노력해야만 얻을 수 있을까? 도대체 이유가 뭘까? 육체의 성장과 정신의 성장이 갖는 본질적인 차이를 알면 이 현상을 이해할 수 있다. 육체의 성장은 영아가 유아가 되고, 유아가 청소년이 되는 과정을 단순히 눈으로만 지켜봐도 인식이 될 만큼 직선적이다. 키를 보면 알 수 있다. 요람 속에서 앙증맞게 자신의 수족을 놀리던 갓난아이에게 강산이 두 번 정도 바뀔 만큼의 시간이 흐르면, 어느새 1미터보다 2미터에 가까워질 만큼 수직 방향으로 폭풍 성장한다. 이러한 발달 양식을 '양적 발달'이라 부른다. 자신이 갖고 있던 기반 위에 단순히 양적으로 더해지는 발달 형태를 말한다. 키가 99센티미터였던 아이가 100센티미터로, 몸무게가 20kg이었던 아이가 21kg으로 변하는 게 대표적인 양적 발달 양상이다.

반면 정신적 성장은 '질적 발달'이다. 이 질적 발달은 양적 발달과 달라서 다음 단계의 성장을 위해 기존에 자신을 떠받치던 성장의 형태와는 전혀 다른 성질의 특성을 요구한다. 우리나라 교육정책이 좋은 예시가 될 수 있다. 과거 개발도상국의 지위였던 우리나라는 경제적으로 어떻게든 잘 먹고 잘살기 위해 모든 교육의 초점이 국가의 '경제력'에 이바지할 수 있는 인재 양성에만 힘써왔었다. 그러나 진정한 선진국으로 성장하기 위해선 언제까지 경제만 중요시하는 일차원적인 교육을 하면 안 된다는 걸 깨닫게 된다. 때문에 융합적 인재나 생각하는 시민 양성과 같은, 보다 높은 차원의 교육이 필요하다는 담론이 형성되었고 이는 교육의 질적인 변화가 불가피함을 뜻했다.(이 담론이 얼마만큼의 실효성을 거뒀는지는 차치하자) 이처럼 성장을 위해 다른 형태의 방향과 도약을 필요로 하는 게 질적 발달이라는 개념이다.

치과에서도 비슷한 구도가 나타난다. 어느 한 치과에 1년 차 신입 사원이 진료실 스태프로 입사했다고 가정해보자. 처음엔 석션도 제대로 못 하던 풋내기 어시스트였던 이 신입은 시간이 지남에 따라 진료실에 없어선 안 될 필수 인원으로 자리매김한다. 그렇게 몇 년이 지나면, 좀 과장된 표현으로 '눈 감고도' 석션할 만큼 성장하게 된다. 진료실 일이 완전히 자기 몸에 체화된 것이다. 이처럼 기존에 해오던 진료실 업무를 점점 잘하게 되는 것. 이러한 성장을 양적 발달이라 한다. 반면에 진료실 업무에서 더 이상 배울 게 없다고 판단한 이 진료실 스태프가, 환자 상담이나 데스크 업무를 배우기 위해 노력한다면 이것은 질적 발달의 형태라고 볼 수 있다.

에릭 에릭슨의 심리사회적 발달

인간의 마음이 질적으로 발달하는 양상을 설명한 정신의학자 에릭 에릭슨의 '심리사회적 발달' 이론을 보면 이러한 내용을 좀 더 분명히 알 수 있다.

심리사회적 발달 이론

단계	대략적 연령	심리사회적 위기	특징
1	0~1세	신뢰 vs 불신	영아가 양육자와 신뢰로운 관계를 형성하거나 신뢰하지 못하는 관계를 형성.
2	2~3세	자율성 vs 수치심	유아가 걷기, 쥐기, 괄약근 통제와 같은 신체적 기술의 발달을 위해 노력함. 이때 스스로 통제하는 법을 배우면 자율성을 획득함. 반면에 합리적이지 못한 제지나 요구를 받으면 수치심을 발달시킨다.
3	4~5세	주도성 vs 죄책감	유아가 점점 자기주장을 하기 시작하고 주도성을 획득하지만, 지나친 통제를 받으면 죄책감을 발달시킨다.
4	6~12세	근면성 vs 열등감	초등학교에 입학한 아동들은 새롭고 복잡한 기술을 배움으로써 근면성을 발달시키지만, 이때 제대로 능력발휘를 하지 못하면 열등감을 발달시킨다.
5	13~21세	자아정체성 vs 역할혼미	10대 청소년들은 이 시기에 성역할과 정치, 직업, 좋아하는 활동 등 자신이 누구인지, 내가 무엇을 할 수 있는지 탐색하며 자아정체성을 발달시킨다. 이때 자아정체성 형성에 실패하면 앞으로의 성인의 역할에 혼란을 느낀다.
6	21~40세	친밀성 vs 고립감	가족 이외의 타인과 친밀한 관계를 형성한다. 이때 친밀함을 제대로 형성하지 못한 사람들은 고립감에 빠진다.
7	40~65세	생산성 vs 침체	성인 초기와 중기의 성인들은 다음 세대를 위해 자녀를 양육하고 타인을 돌보며 생산적인 일에 몰두함으로써 생산성을 확립한다. 그러나 자신의 에너지를 오로지 자기 확대와 자기만족을 위해 사용한 사람들은 침체를 경험한다.
8	65세 이상	자아통합 vs 절망	자아통합을 이룰 수 있는 사람들은 자신이 살아온 인생을 수용하고 두려움 없이 죽음에 직면할 수 있다. 그러나 자신의 인생을 실패했다고 생각하는 사람들은 자신과 타인을 원망하고 죽음을 두려워하며 절망에 빠진다.

출처 : 성인발달 및 노화심리학(박영사)

에릭슨은 한 인간의 마음이 성장하는 방식을 총 8단계로 구분해서 정의한다. 이제 갓 태어난 0~1세의 아이는 양육자(특히 엄마)와 최초의 관계를 맺는다. 이때 아이가 엄마와 안정적인 관계를 형성하면 세상을 '신뢰'할 수 있지만, 그렇지 못하게 되면 세상에 대한 '불신'을 갖게 된다. 2~3세는 걸음마와 인지능력 상승, 배변 훈련에 따른 자신의 성공 경험을 바탕으로 '자율성'이 형성된다. 하지만 양육자의 지나친 통제나 비판을 받으면 '수치심'을 느끼고 자기 능력을 의심하게 된다. 이처럼 1에서 8단계까지 단계별로 자신에게 주어진 마음의 성장 과제를 잘 완수하면 신뢰, 자율성, 주도성, 근면성, 자아정체성, 친밀성, 생산성, 자아통합이라는 마음의 힘을 얻는다. 반대로 과제를 제대로 이행하지 못하면 불신, 수치심, 죄책감, 열등감, 역할 혼미, 고립, 침체, 절망감을 얻게 된다. 아직 나이가 어린 1~3단계까지는 부모의 영향을 많이 받지만, 시간이 지날수록 학교나 친구, 직장과 같은 사회적 관계의 영향이 더 커진다.

에릭슨의 이론에서 보는 것처럼 한 단계에서 다음 단계로 넘어갈 때 각각 달성되는 마음의 결과물에 질적인 차이가 있다는 걸 알 수 있다. 즉, 키가 크듯 1, 2, 3센티미터씩 같은 내용이 연속적으로 성장하는 게 아니라, 단계와 단계 사이에 마치 계단 같은 불연속적인 단절의 형식을 취하면서 성장한다. 적정 시기에 자율성이 확보되면 그다음 단계인 주도성으로 넘어가고, 주도성이 어느 정도 확보되면 그다음인 근면성으로 넘어가고, 이것도 확보되면 또 다음 단계로 넘어가는 형식이다. 어릴 때 얻은 마음의 힘 중에서 특정 한 종류만 계속 키우는 게 아니라는 뜻이다.

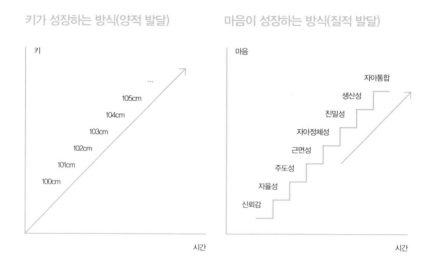

키가 성장하는 방식(양적 발달)

마음이 성장하는 방식(질적 발달)

심리사회적 위기

이러한 현상이 나타나는 이유를 에릭슨은 각 단계 사이에 '심리사회적 위기'가 발생하기 때문이라 설명한다. 4단계의 근면성을 확립한 학생이

직원의 심리를 꿰뚫어줄 치과용 인문학

어느덧 시간이 흘러 청소년(5단계) 시기에 도달하게 되면 점점 심리적으로 불안해진다. "나는 누구지?" 같은 철학적인 내용으로 정체성의 혼란을 겪는다. 이때 발생하는 불안이 바로 '심리사회적 위기'다. 나이가 들어간다는 건 단순히 육체적 역량이 늘어난다는 것만 뜻하지 않는다. 사회에서 요구하는 새로운 도전과 의무들이 생겨난다는 달갑지 않은 뜻도 포함한다.

이 이론의 요지는 단계마다 발생하는 이 마음의 진통을 피하지 않고 자신의 내적인 성장으로써 잘 받아들이게 중요하다는 얘기다. 이런 과정을 우리가 흔히 '정신적 성장'이라고 표현하며 이렇게 형성된 마음의 기반은 다음 단계의 심리사회적 위기를 맞이할 수 있는 정신적 토대가 된다. 인간은 태어나면서부터 죽을 때까지 이러한 과정을 계속 겪게 된다는 게 에릭슨의 주장이다.

물론 이 이론이 반드시 맞다고 볼 순 없다. 나는 개인적으로 사람마다 단계의 내용이 다를 수도 있고 시기에도 큰 차이가 있을 수 있다고 생각한다. 어떤 이론이든 완벽한 이론은 없으며 언제나 시대적 허점을 포함하고 있다. 반면에 인간의 마음이 계단처럼 질적으로 발달한다는 주장과

요람에서 무덤까지 지속적으로 심리적 위기를 겪는 게 정상이라는 주장은 시사하는 바가 크다고 본다. 내적인 성장을 적시에 이루지 못하는 사람들의 가장 큰 이유가, 마음의 질적 발달의 특성에 대한 이해 부족과 심리사회적 위기를 비정상이라 여기는 이 두 가지 원인이 크게 작용하기 때문이다.

무슨 말인지 에릭슨 이론을 바탕으로 예시를 들어보겠다. 만약 한 초등학생이(에릭슨 이론의 4단계, 근면성 형성 시기) 그 시기의 심리발달 달성 과제인 근면성을 획득한 상태로 시간이 흘러 청소년기(5단계, 자아정체성 형성 시기)에 들어섰다고 해보자. 이 학생은 자기 마음의 힘인 근면성을 기반으로 열심히 청소년기를 보내게 된다. 맡은 학업도 열심히 하고 부모와의 관계도 큰 문제가 없다.

여기까진 괜찮다. 그런데 시간이 좀 지나자 슬슬 5단계 심리발달 과제인 '자아정체성'에 대한 질문들이 자신을 괴롭히기 시작한다. "나는 누구지?", "내가 좋아하는 건 뭐지?", "친구들은 다 자기가 원하는 대학을 정했는데 나는 왜 아직 못 정했지?" 같은 혼란스러운 질문에 맞닥뜨린다. 심리사회적 위기가 드디어 모습을 드러낸 것이다. 입시가 다가올수록 친구들과 자신을 비교하게 되면서 점점 조급해진다.

이때 이 학생에게는 두 가지 선택지가 생긴다. 첫 번째 선택지는 자아정체성 형성을 위해 자신에 대한 철학적 질문들을 피하지 않는, 정면 돌파 방법이다. 이 선택을 한 청소년은 자신을 불안하게 하는 그 질문에 답하고자 지금까지의 경험과 지식을 분별하고 종합한다.

두 번째 선택지는 4단계에서 확보했던 '근면성'을 활용해서 그냥 더 열심히 사는 방법이다. 내가 누구인지, 나는 무엇을 좋아하는 사람인지 생각할수록 불안해지니까, 친구들이 많이 선택하거나 부모님이 정해준 진로를 목표로 삼는다. 상당히 익숙한 광경 아닌가?

계속 말했듯이 마음의 성장은 질적 발달이다. 청소년기에는 전 단계에서 획득한 근면성이라는 마음의 힘을 양적으로 계속 늘려서 이전보다 더 열심히 사는 게 중요한 게 아니다. 나를 불안하게 하는 그 물음을 통해 새로운 마음의 과업인 자아정체성을 발달시켜야 한다. 이를 외면하게 되면 질적인 도약을 이뤄야 할 시기에 양적인 답보만 거듭한 결과로 자신이 무엇을 원하는지, 어떤 사람인지 모르는 상태로 어른이 된다.

치과에서도 비슷한 상황을 자주 목격한다. 열심히 일하는 걸로 인정받은 사람이 중간 리더가 되었다고 해보자. 이제부턴 치과가 이 사람에게서 요구하는 덕목들이 달라진다. 열심히 일하는 건 당연한 거고 성과 달성에 대한 압박과 부하직원을 대하는 심리적 역량도 함께 요구된다. 이전처럼 열심히만 해선 안 된다는 얘기다. 남들보다 실무능력이 뛰어난 걸로 인정받아서 리더가 된 사람도 비슷하다. 이 사람이 만약 리더가 돼서도 '남들보다 실무능력이 뛰어난' 특성에만 목매게 된다면 자신뿐만 아니라 팀원들도 곤란해진다. 때문에 리더가 된 이상 일반 스태프였을 때와는 완전히 다른 질적 성장을 이뤄야 한다. "리더란 무엇일까?", "직원일 때와 리더일 때 일을 잘한다는 의미가 어떻게 달라질까?" 이런 철학적인 질문을 통해 자신의 정체성을 다시 설정해야 한다. 앞에서 설명했듯이 자신이 생각하는 리더가 무엇이냐에 따라, 그 본질에 따라 어떤 공부를 하고 어떤 노력을 할지 결정되기 때문이다.

심리사회적 위기를 비정상으로 간주하는 태도도 여기에 추가적인 문제를 일으킬 수 있다. 리더가 되고나서 자신이 받는 마음의 고통, 불안,

좌절의 이유를 모르기 때문에 거부하고 한탄한다. 이런 불쾌한 감정들이 도대체 무슨 쓸모가 있는지 이해하지 못하는 인식적 한계가 사태를 더욱 악화시킨다. 만약 키가 성장하기 위해 무릎이 아프다는 사실을 아는 성장기 청소년이라면 그 아픔을 오히려 반길 것이다. "앗싸~ 무릎 아픈 거 보니까 키 크려나 보네~!" 이런 반응을 보일 수도 있다. 하지만 성장이 끝난 어른이 갑자기 무릎이 아프면 굉장히 짜증 난다. "벌써 관절이 안 좋나?", "연골에 문제가 있나?" 이런 식으로 통증을 불쾌한 신호로 받아들인다. 청소년기 때와 달리 무릎의 고통으로부터 아무런 성장을 이룩하지 못한다는 걸 알기 때문이다. 한마디로 고통이 인간을 괴롭히는 조건은 고통 그 자체가 아니라, 고통에 포함된 의미가 결정한다는 뜻이다.

일반 직원에서 리더가 되는 것처럼 사회적으로 자신의 위치가 바뀌거나, 혹은 가족 구성원이었다가 결혼을 통해 가장이 되는 등의 상황들은 심리적 진통을 동반할 수밖에 없다. 마음이 성장하기 위한 과정이기 때문이다. 하지만 질적 발달의 원리를 이해하지 못하면 이 모든 게 그저 무의미한 고통이라 믿는다. 여기다 현대인들의 행복관이 불안과 고통을 배제하는 쪽에 치우쳐 있다 보니, 반드시 겪어야 할 마음의 성장 과정인데도 이를 '불행'으로 정의하고 도피하려 한다. 키는 가만 놔둬도 크지만 마음은 노력하지 않으면 성장을 멈추는 근본적인 이유가 여기에 있다. 따라서 리더가 된 후 당신이 받게 될 불안, 고통, 회의감, 무기력은 당신의 마음의 키를 자극할 성장통이란 사실과 지극히 정상적인 과정이라는 점을 잊어선 안 된다.

직원의 심리를 꿰뚫어줄 치과용 인문학

손이 좋은 건 장점일까 단점일까?

모든 인간에겐 장점과 단점이 있다. 아마 우리 인간뿐만 아니라 세상에 존재하는 모든 동식물, 어쩌면 다른 시공간에 존재할지도 모를 외계 생명체도 장단점은 다 가지고 있을 것이다. 장점만 있다거나 단점만 있는 존재가 있다면 그것은 신이거나 악마이지 않을까 추측해 본다. 나 같은 경우 사색을 좋아한다는 장점이 있다. 누가 인정해 준 게 아니라 내가 생각하는 내 장점이다. 사색을 잘하는지는 모르겠지만(기준이 좀 모호하므로) 일부러 시간 들여 한다는 것 자체는 분명 장점인 듯하다. 나는 내 루틴 중 아침에 조깅하는 시간을 전담 사색 시간으로 활용하고 있다. 몇 년간 꾸준히 해온 만큼 그 시간은 나에게 꽤 소중하다. 지금 현대인들의 문제점 중 하나가 검색은 많이 하는데 사색은 도통하지 않는다는 얘길 들은 적이 있다. 나는 사색을 좋아하고 필요하다 믿는 사람이기 때문에 이 얘기에 대체로 동의하는 편이다. 사색을 좋아한다는 점은 토론에서도 좋은 영향을 준다. 다른 관점을 제시하고 더 풍부한 대화거리를 만들어 내는 기폭제 역할을 한다. 어떤 걸 좋아하고 어떤 걸 사랑하는지와 같은 개인의 가치체계를 확립하는 데도 좋은 영향을 미친다.

너무 당연하겠지만 나는 이런 뚜렷한 장점을 가진 만큼 확실한 단점도 가지고 있다. 무언가를 잘 잊어먹는다. 물건을 자주 잃어버리거나 하진 않지만, 타인이 나에게 했던 말을 잘 기억 못하거나 해야 할 일을 누락하기 일쑤다. 이 단점은 업무영역에서 엄청난 리스크가 된다. 실제로 나는 일할 때 이것 때문에 상당한 곤욕을 치렀다.

하지만 이 단점은 다시 내 장점으로 전환된다. 사색을 자극하는 것이다. 내가 사색을 할 수밖에 없게 만든 건 사실 이 단점 덕분이었다. 잘 까먹고 누락하고 곤란해지고 쩔쩔매야 하는 대인관계 상황에 자주 놓이다 보니 생각하는 시간이 저절로 많아졌다. 지금보다 심리학과 인문학적 기반이 약했을 때는 그 시간이 오롯이 자신을 한탄하고 자존감을 괴롭히는 자아 청문회 시간으로 활용됐었다. 이를 '반추 사고'라고 하는데, 생각을 계속 곱씹으면서 부정적인 사고로 이어지는 것을 말한다. 이는 사람의 마음을 우울증과 같은 정신질환 상태에 놓이게 할 수 있기 때문에 사실 매우 조심해야 한다. 나는 이것을 자아에 대한 이해를 확장하는 사색으로 바꾸기 위해 많은 노력을 기울였고 그중 하나가 메모하기였다.

그동안 메모를 정말 귀찮아했었는데 현실이 자꾸 망가지는 걸 보면서 더 이상 이러면 안 되겠다는 확신이 들었다. 사소한 것들도 최대한 메모하면서 매일 밤, 다음 날 아침마다 새로운 메모를 정리하고 분류했다. 덕분에 과도한 누락과 망각으로 인한 문제들은 꽤 많이 보완했지만 완전히 차단할 순 없었다. 메모를 열심히 하기 전엔 업무누락에 따른 실수 비율이 5:5였다면, 메모를 열심히 한 이후로는 2:8 정도까지 줄일 수 있었다. 메모하기 전엔 쓰나미 같은 실수의 범람으로 인해 매일 나 자신을 스스로 욕하고 때리고 모욕하는 생각에 몰두했다면, 메모를 한 이후부터는 그 시간이 모두 사색하는 시간으로 변화했다. 실수가 줄면서 고통의 수준이 많이 낮아졌기 때문이다. 또한 심리학과 인문학 지식이 지속적으로 더해지면서 꾸준한 내적 성장을 이룰 수 있었다.

그렇다면 같은 논리로, 그 2만큼의 실수마저도 "모든 걸 다 기억하고 메모해서 완전히 없애버릴 수 있다면 더 좋아지지 않을까?"라고 생각할 수 있겠지만 절대 그렇지 않다. 얻는 게 있다면 반드시 잃는 게 생긴다. 그런 실수들로 인한 고통이 없어지거나 혹은 너무 낮아지게 되면 사색하는 시간을 가지지 않을 가능성이 높다. 인간은 일정 수준의 고통을 받아야 깊은 사고를 할 수 있기 때문이다. 올더스 헉슬리의 『멋진 신세계』라는 고전소설을 통해 그 예시를 간접적으로 들 수 있다.

책의 내용을 짧게 소개하자면, 이 소설의 시대적 배경은 과학이 지금보다 훨씬 발달한 미래 사회이다. 지금과는 비교가 안 될 만큼 발달한 첨단 과학은 인류에게 수많은 문명적 혜택을 가져다주었고, 그중에서 가장 위대한 발명품 중 하나가 바로 정신적 고통을 완전히 없애주는 '소마'라는 알약이다. 소마는 인간이 불쾌하고 기분 나쁠 때 복용하면 그 상태를 깨끗하게 지워준다. 그렇게 불쾌함이 사라진 자리엔 행복감만 남는다. 이 약은 부작용도 없어서 국가에서 직접 배급한다. 언뜻 들으면 너무 좋아 보이겠지만 그런 무한의 행복을 누린 대가로 주인공을 제외한 대부분 사람이 사색을 하지 않는다. 삶의 의미나 목표, 인생에 대한 물음은 무시하고 오로지 맛있는 음식, 멋진 여행, 새로운 섹스 파트너만 찾으며 감각적 쾌락을 쫓는다.

사색의 필요성은 고통으로부터 도출되기 때문에 어쩌면 당연한 현상이다. 물론 너무 심한 고통은 존재 자체를 소멸시켜 버리므로 위험하지만, 감내할 수 있는 적당한 고통은 우리에게 삶을 더 다각도로 볼 수 있는 시야와 통찰을 제공한다. 이처럼 사색을 좋아한다는 장점과 자주 잊어먹는다는 단점이 언뜻 보기엔 서로 별개의 영역처럼 보이다가도, 그역학을 따라가다 보면 서로가 서로의 원인이면서 동시에 결과이기도 한유기적인 관계라는 걸 알 수 있다.

손이 좋으면 시야가 좁아진다

장점과 단점의 관계를 이해하는 건 리더에게 필수 덕목이다. 이 원리를 이해하지 못하면 자신이 스스로 상황을 망가뜨리고 있음에도 전혀 자각하지 못하는 상황에 놓인다. 문제의 원인을 엉뚱한 곳에 귀인하고 있는 자신의 문제를 보지 못한 채 계속 남 탓만 하다가, 경우에 따라 극단적 염세주의로 흐를 수 있다. 그냥 이렇게만 말하면 와닿지 않을 테니 치과계에서 적용될 만한 장점과 단점의 관계를 한번 분석해 보면 좋을 것 같다. 일반적으로 많이 나오는 현상은 '손이 좋다'는 장점과 '시야가 좁다'는 단점 간의 상호작용 패턴이다. 이게 무슨 말일까? '손이 좋다'라는 건 진료실에서 일할 때 '일을 잘한다'라는 종합적 평가를 비유적으로 표현한 말이다. 이런 평가를 받는 스태프는 함께 일하는 동료의 니즈를 재빨리 간파하는 경우가 많다. 그리고 진료 장면에서 누군가 알아듣기 힘들게 뭉개지는 발음으로 갖다 달라고 한 재료들도 척척 가져온다. 같은 수준과 같은 양의 교육을 받아도 습득률이 높고, 배운 내용들을 같은 연차의 동료들보다 실전 상황에 빨리 적용한다. 똑같이 석션을 해도 세세한 디테일을 더 빨리 더 많이 파악한다. 이러한 장점은 함께 일하는 동료와 상사들에게 직접적인 도움으로 연결되기 때문에 좋은 평가를 받아내기가 아주 용이하다. 다음에 리더로 추대될 가능성도 다른 스태프들보다 높아진다.

이러한 뛰어난 장점은 동시에 단점이 되기도 한다. 저연차 때부터 손이 좋고 일을 잘한다는 평가를 꾸준히 받았던 스태프들이 고연차가 됐을 때 공통적으로 '시야가 좁은' 특성을 공유하기 때문이다. 일을 잘하는데 시야가 좁다니? 모순적으로 들릴 수도 있다. 여기서 시야가 좁다는 말은 아까 손이 좋다는 표현처럼 비유적인 표현이다. 일을 하다가 무슨 문제가 발생했을 때 그 문제의 원인을 전체적인 맥락 안에서 파악하는 게 아니라 그 문제를 일으킨 사람의 잘못으로만 돌리는 경향이 있다는 뜻이다. 단적인 예로, 원장님이 발음을 뭉개면서 특정 치과 기구를 가져와 달라고 지시했는데 그 기구를 가지러 간 스태프가 잘못 가져왔다면 이건 누구의 잘못일까? 발음을 똑바로 하지 않은 원장님의 잘못일까? 못 알아들은 스태프의 잘못일까? 여기서 일을 잘하는 친구들은 스태프의 잘못이라 생각할 가능성이 높다. 자신은 잘 알아듣기 때문이다. 이 상황에서 달라고 할 만한 기구의 종류가 몇 개 안 되고 평소에 유심히 진료 과정을 지켜봤었다면 아무리 뭉개진 발음이라도 맞힐 수 있다고 생각한다. 즉, 센스있게 눈치껏 알아들어야 한다고 생각할 것이다. 그래서 문제의 원인을 그 기구를 제대로 갖다 주지 못한 스태프에게 돌린다. 만약 이 일 잘하는 친구가 고연차 스태프거나 진료실 팀장이라면 이번 사건을 계기로 평소 자신만큼 집중해서 일하지 않는 나태한 직원들의 정신교육에만 힘쓸 것이다.

사실 맞는 말이긴 하다. 그만큼 평소에 사소한 부분까지 신경 쓰면서 진료에 집중하고 있는 사람의 기준에선 아주 당연한 얘기이고 그러지 못한 사람이 한 소리 들을 일임은 분명하다. 하지만 리더라면 여기서 추가적인 문제의식을 가져야 한다. "원장님이 발음을 뭉개면서 기구를 갖다 달라고 하는 건 아무런 문제가 없는가?"라는 관점이다. 다른 시각에선 이것도 얼마든지 문제라 생각할 수 있다. 평소 원장님이 그런 불분명한 발음을 남발하는 이유는 이걸 알아듣는 스태프들이 몇몇 있기 때문일 가능성이 높다. 만약 이 현상이 당연시되면 못 알아듣는 사람이 문제라는 문화가 만들어진다. 이런 문화는 새로 입사한 직원이 그 치과에 적응하는 데 더 힘든 요소로 작용한다. 알다시피 지금 치과계는 극심한 구인난에 허덕이고 있으므로 결코 좋을 게 없는 문화다. 그리고 발음을 좀 더 명확히해주면 기구를 잘못 가져다줄 가능성이 줄어들기 때문에 여러모로 플러스 요인이 될 수 있다. 여기까지 생각이 닿는다면 원장님한테도 문제 개선을 위해 일정 부분 부탁해야 한다는 판단이 선다.

이런 인식패턴은 비단 치과계뿐만 아니라 다른 상황에서도 볼 수 있다. 자수성가한 사람들이 그 좋은 예다. 만약 불굴의 의지로 사회 밑바닥부터 엄청난 노력을 통해 경제적 성공을 이룬 사람이, 사지 멀쩡한데도 일은 안 하고 집에 박혀서 컴퓨터만 하는 백수를 보면 무슨 생각을 할까? 그리고 그 백수가 현재 경제적으로 어려운 상황이라면 그 원인을 어디에 돌릴 거라고 생각하는가? 그는 아주 높은 확률로 스스로 노력하지 않는 백수 개인의 문제로 볼 것이다. 이 사람에겐 그 청년이 속해 있는 사회 전반의 문화적, 시대적, 정신적 맥락은 고려되지 않을 가능성이 높다. 나라 탓하지 말고 당장 할 수 있는 노력부터 하라고 잔소리할 수도 있다. 인간은 어떠한 현상을 판단할 때 대부분 자신이 살아온 삶을 기준으로 판단하기 때문이다. 불굴의 의지와 노력이라는 장점이, 사회에 만연한 부조리나 시대적 모순을 보지 못하게 만드는 것이다.

리더가 갖춰야 할 두 가지 관점

결국 '일을 잘한다'라는 특성은 눈에 보이는 가시적 장점으로써 맹위를 떨치다가도, 어느 순간부터는 자기 발목을 잡는 치명적 단점의 원인이 되기도 한다. 타인의 실수에 공감하기가 어렵다 보니 누군가의 실수에 대해 감정 반응이 격해질 가능성이 높다. 따라서 개인적 능력이 다른 사람들보다 압도적으로 높을수록 이 단점도 비례해서 더 강해질 수밖에 없다. 강한 감정반응은 이성의 활동을 마비시키기 때문에 문제에 직면했을 때 입체적인 시야를 갖기가 비교적 어렵다. 이러한 특성이 일반 스태프일 때는 큰 문제가 없다. 오히려 사내 정치 주도권을 잡기 용이하게 해주는 긍정적 요소가 되기도 한다. 그러나 리더가 된다면 얘기가 달라진다.

앞서 예시로 든 첫 번째 판단처럼 원장님의 말을 못 알아들은 그 스태프에게만 오롯이 문제가 있다는 생각에서 판단이 멈추는 사람이라면 리더 역할을 지속하기가 어렵다는 뜻이다. 이 패턴을 가지게 되면 다른 무수히 많은 상황에서도 비슷한 판단을 하기 십상이다. 개인의 능력 위주로만 문제의식을 갖는 단편적 관점은 어떤 문제가 생겼을 때 스태프 개개인의 문제에만 집중하게 되고, 심하면 업무능력을 기준으로 급을 나누고 편애하기도 한다. 스스로 절대 그러지 않는다고 생각할지 모르지만 그건 어디까지나 본인만의 생각일 수 있다. 인간이 갖는 생각과 가치관은 어떤 형태로든 자신이 사용하는 언어와 행실에 반영되기 때문이다.

따라서 리더는 조직 내에서 나타난 문제를 두 가지 관점으로 동시에 볼 수 있어야 한다. 그 문제를 일으킨 특정 개인에 대한 문제의식과 그 개인을 통해 드러난 우리 치과의 비합리적 구조에 대한 문제의식이 바로 그것이다. 하지만 앞에서 언급한 것처럼 인간은 자신이 익숙한 대로 판단하기 십상이므로 자기 생각을 계속 점검하려고 노력해야 한다. 문제를 일으킨 그 사람에 대한 분노가 치밀어 오를 때면 감정이 지나간 다음에, 혹시 다른 원인은 없었는지 자신에게 지속적으로 물어봐야 한다. 나 같은 경우는 실무능력이 그리 뛰어난 편은 아니었기 때문에 오히려 이런 시야를 갖추기가 편리했다. 누군가가 실수했을 때 그 실수한 사람에 대한 분노나 답답한 정도가 약하므로(그 사람에게 공감이 되니까) 이 현상을 만들어 낸 다른 원인은 없었는지 전체 맥락을 파악할 수 있는 이성적 여력이 존재했기 때문이다.

위에서 언급한 예시는 사고의 틀을 확장해 줄 대상(이를테면 독서, 관련 세미나, 현명한 멘토 등)을 전혀 접하지 않은 사람이라는 전제가 깔려 있다. 그렇기 때문에 모두가 예시에서와 같은 생각과 반응을 하진 않는다. 일을 꼼꼼히 잘하면서 전체의 구조와 맥락에서 사고할 수 있는 이성적 판단이 가능한 능력자들도 얼마든지 존재한다는 뜻이다. 인간은 학습을 통해 스스로 변할 수 있는, 존재의 빈틈을 언제나 가지고 있다. 다만 이런 능력자들이 두 마리 토끼를 다 잡을 수 있었던 건 그들도 한때 여러 고충을 겪으며 자신의 부족한 점을 계속 개선해 나간 덕분이었다는 점을 잊어선 안 된다.

치과 스태프들에게 동기부여 하는 법

리더가 되면 여러 고민이 생긴다. "어떻게 하면 우리 조직이 목표를 효과적으로 달성할 수 있을까?", "어떻게 하면 조직 내 구성원들끼리 잘 지내게 할 수 있을까?", "어떻게 해야 경쟁자들보다 뛰어난 결과를 만들 수 있을까?" 많은 리더들이 이런 끊이지 않는 고민으로 잠 못 이루기도 한다. 그중에서 가장 고민이 되는 부분은 아마도, "어떻게 하면 직원들에게 동기부여를 할 수 있을까?"가 아닐까 싶다. 말 안 해도 알아서 하는 직원, 스스로 일에 흥미를 느끼는 직원, 알려주지 않아도 문제점을 미리 파악하는 직원... 리더에게 분명 보물 같은 존재임엔 틀림없다. 만약 이런 내용으로 큰 스트레스를 받고 있는 리더라면 지금부터 설명할 인간의 동기와 관련된 심리학 내용에 흥미를 느낄 거라 생각한다.

심리학에선 인간의 동기를 '외재적 동기'와 '내재적 동기'로 구분한다. 외재적 동기란 말 그대로 인간이 어떤 행동을 하려는 이유가 자기 내면에 있는 게 아니라 외부에 있다는 뜻이다. 회사원이 인센티브를 받기 위해 열심히 일하거나, 학생이 부모로부터 선물을 받기 위해 밤새워서 공부하는 행위 같은 것들을 들 수 있다. 내재적 동기는 반대로 그 행위를 하기 위한 이유가 자기 내면에서 나온다는 개념이다. 일에서 보람을 느끼기 때문에 열심히 일하거나, 공부가 자신에게 도움이 된다는 걸 알기 때문에 공부하는 것과 같은 활동이다. 이 중 인간의 행위를 지속적으로 강하게 이끌고 가는 것은 바로 후자의 내재적 동기다. 물질적 보상 같은 외재적 동기는 한계가 뚜렷하기 때문이다. 이와 관련된 재밌는 이야기가 있다.

한 마을에 노인이 살고 있었다. 그런데 어느 날부터 그 노인 집 앞에서 한 무리의 아이들이 시끄럽게 뛰어놀기 시작했다. 스트레스 받던 노인이 아이들의 행동을 멈추게 하기 위해 쓴 전략은 오히려 잘했다는 의미로 돈을 주는 것이었다. 그러자 아이들은 너무나 기뻐했고 더 열심히 노인의 집 앞에서 시끄럽게 뛰놀았다. 그런데 어느 순간부터 노인은 더 이상 돈을 주지 않았다. 그러자 아이들은 화가 나서 "돈을 주지 않으면 놀지 않을 거예요"라면서 시끄럽게 굴지 않았다고 한다. 이처럼 외재적 동기는 장기적으로 봤을 때 그 일에 대한 흥미를 떨어뜨리게 만든다. 반면 내재적 동기는 자기 스스로 부여한 이유가 바탕이므로 지속성과 강도가 뛰어나다.

그렇다고 외재적 동기가 무조건 쓸모없는 건 아니다. 외재적 동기가 의욕을 망치는 경우는 앞의 사례처럼 이미 스스로 재밌게 하고 있는 활동에 갑자기 의미 없이 보상을 주거나, 원래 할 마음이 없는 활동을 시키기 위해 보상으로 구워삶으려는 경우에 해당한다. 심리학자들의 연구에 따르면 '능력의 성장에 대한 인정'으로서의 보상이나 '좋은 결과를 낸 보답'으로서의 보상 같은 것들은 적절히만 활용하면 좋은 동기유발 촉진제가 된다. 당연히 일정 보상체계는 필요하다는 얘기다. 즉, 인간에게 외재적 동기와 내재적 동기 둘 다 있어야 한다는 건 움직일 수 없는 사실이다. 여기서 문제는 많은 리더가 조직원들의 외재적 동기만 자극하면서 내재적 동기가 알아서 일어나길 바라는 모순된 태도에 있다는 것이다.

급여를 이렇게나 많이 올려줬는데 왜 열심히 안 하는지 답답해한다. 이게 당연한 현상임을 모르기 때문이다. 물질적 보상과 관련된 외재적 동기만으로는, 잠깐은 열정이 타오를지 몰라도 그 지속이 오래가기 어렵고 오히려 의욕을 꺾어버린다. 그래서 리더는 내재적 동기를 위해 조직원들과 조직의 비전, 목표를 공유하고, 가능한 부분에선 그들의 업무에 대한 자율권을 보장해 줘야 한다.

회식의 존재 의미

개인적인 경험으로 이 내재적 동기를 자극하기 가장 좋은 때가 회식 자리였다. 회사 전체 회식 때뿐만 아니라 부하직원들의 고민을 들어주기 위해 비공식으로 삼삼오오 모인 자리도 아주 훌륭한 내재적 동기 활성화의 장으로 활용될 수 있다.(여기서 중요한 점은 일과 상관없는 자리라는 명분이 깔린 상태에서 직원들 스스로 일에 대한 얘기를 먼저 꺼내게 하는 것이 중요하다. 만약 노골적으로 일 얘기를 리더가 먼저 꺼낸다면 그 다음부턴 이런 자리를 만들기가 굉장히 어려울 것이다) 이 자리에선 그들의 고민을, 예컨대 개인적 가정사, 연애 고민, 드라마 얘기, 무기력한 생활패턴에 의한 스트레스 등등을 들어주고 공감해 주는 것이 중요하다.

이런 식으로 내면에 쌓여있던 감정을 한번 토해내고 나면 조금 더 이성적인 판단이 가능해지고, 그때부턴 비교적 합리적인 대화가 오갈 수 있다.

이를테면 자신의 미래를 위해 앞으로 어떻게 하고자 하는지, 무엇이 자신에게 중요한 가치인지와 같은, 리더가 그들의 마중물 역할을 해줄 수 있는 대화 타이밍이 아주 잠깐이지만 생긴다. 그 타이밍에 해주는 여러 조언은 조직원들의 내재적 동기에 큰 울림을 가한다. 많은 리더들이 실수하는 것은 앞의 시시콜콜해 보이는 대화들을 쓸모없다 여기는 점이다. 한참 뒤에 나와야 할 본론을 자신의 목적 달성을 위해 대화의 서론에서 끄집어낸다. 이것은 인간의 합리성과 비합리성이 언제 발현되는지에 대한 이해가 부족해서 발생하는 현상이다.

인간의 내재적 동기를 자극하기 위해선 물질적 보상체계가 아니라 '대화'가 필요하다는 사실을 명심해야 한다. 꼭 회식을 해야만 하는 건 아니다. 안타깝게도 우리나라 문화 특성상 회식 때만 가능한 소통영역이 생겨버린 탓에 회식을 지속하곤 있으나, 대화를 할 수 있는 무드만 잘 마련되는 자리라면 언제 어디서든 가능하다.

그런데 이런 대화가 귀찮고 쓸모없다고 여기는 리더는 결국 돈으로 해결하려 한다. 인센티브, 급여 인상, 상벌제도, 복지 등등... 앞에서도 설명했듯이 리더와의 대화가 사라진 반쪽짜리 동기부여로는 절대 인간의 잠재력을 끄집어낼 수 없다. 만약 그런 대화 자체가 너무 귀찮고 불편해서 안 하고 싶어 하는 리더라면, 부하직원들의 일에 대한 무기력과 불만이라는 대가를 받아들여야 할 것이다.

간접 시진과 지능에 대한 믿음

진료실 직원이라면 분명히 간접 시진을 알 거라 생각한다. 간접 시진이란, 구강이라는 신체 구조의 특성상 술자가 눈으로 직접 볼 수 있는 영역에 한계가 있기 때문에 거울을 사용해 간접적으로 시야를 확보하는 것을 뜻한다. 특히 어금니 쪽으로 갈수록 덴탈미러를 통해 간접 시진을 해야 하는 경우가 많아진다. 처음 입사한 진료실 직원은 이 간접 시진을 빨리 익히는 게 중요하다. 대부분은 학생 때 실습 과정에서 어느 정도 배우고 온다. 하지만 실제 환자 입에서 다양한 상황을 경험해 보진 못했기 때문에 거의 처음 배우는 상태라고 보면 된다. 나도 신입 시절 간접 시진을 빨리 익히려고 노력했는데 당시 너무 두려웠던 기억이 난다. 간접 시진과 공포가 서로 안 어울리는 단어라고 생각할지 모르지만, 당시 나는 "만약 간접 시진이 안 익혀지면 어떡하지?"라는 걱정으로 상당한 불안에 떨었었다. 거울을 본 상태로 내가 원하는 방향으로 기구를 움직이면 자꾸 엉뚱한 곳으로 이동했다. 머릿속으로 왼쪽으로 움직이라고 명령했는데 실제 이동한 방향은 오른쪽이고, 위로 가라고 한 거 같은데 자꾸 아래쪽으로 향하는 기구를 보면서 내 두뇌의 멍청함에 깊은 좌절을 느꼈다.

시간이 조금 지나고 나서야 그런 걱정은 기우에 불과하다는 걸 알게 되었다. 나중엔 언제 그런 걱정을 했었냐는 듯이 간접 시진이 직접 시진보다 편할 지경이었다.

몇 년 뒤 새로 입사한 후배 중 한 명이 나와 똑같은 고민을 한다는 걸 알게 되었다. 그 친구도 간접 시진이 안 된다면서 불안에 떨고 있었다. 나는 걱정하지 마라고, 나도 한때 그런 생각을 했는데 나중에 잘 되더라고 말해주었지만, 그 후배의 걱정을 덜어주는 데 큰 힘이 되지 못했다. 나 역시 그 당시에 걱정하지 마라는 사람들의 말이 귀에 들어오지 않았기 때문이다.

간접 시진하는 장면

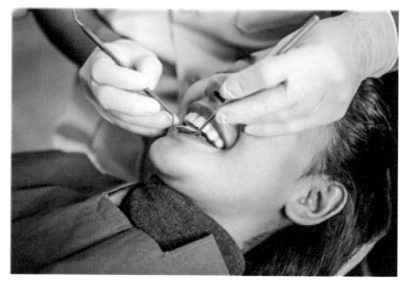

"이미지: Freepik.com"

반면에 다른 후배 한 명은 간접 시진이 잘 안되는 걸 느꼈지만 전혀 걱정하지 않았다. 오히려 도전적인 마음으로 활발하게 머리를 쓰고 있었다. 이 후배는 자신이 못할 거라는 생각을 조금도 하지 않았다.

신기했다. 왜 똑같은 현상에 전혀 다르게 반응할까? 이 현상 이면에 어떤 심리적 근거가 깔려 있는 걸까? 나는 그 대답을 한 심리학 이론에서 얻을 수 있었다.

스탠퍼드 대학 심리학자 캐롤 드웩 교수가 창안한 '마인드 셋'이라는 이론이 있다. 이 개념은 자기 자신의 지능에 대한 믿음을 의미하는데, 그 믿음의 종류에 따라 '성장 마인드 셋'과 '고정 마인드 셋'으로 분류한다.

성장 마인드 셋은 자신의 지능이 고정돼 있지 않고 노력에 따라 얼마든지 발달한다고 믿는 마음 상태다. 성장 마인드 셋을 가진 사람은 어려운 문제에 도전적으로 임하고 성취에 대한 믿음이 강하다.

반면 고정 마인드 셋은 지능이 고정돼 있다 믿는 상태다. 노력과 상관없이 지능은 변하지 않는다고 믿기 때문에 어려운 과제를 꺼리고 비교적 쉽게 성취할 수 있는 과제에만 도전한다. 오랜 노력으로 달성해야 하는 문제 앞에서 쉽게 좌절한다. 이들은 자신의 능력에 대한 믿음이 약하다.

나와 그 후배는 전형적인 고정 마인드 셋을 가진 사람이었다. 변화를 두려워하고, 어려워 보이는 업무는 가급적 피하려는 행동을 보였다. 몇 번 해보고 잘 안될 것 같은 문제에 두려움을 느꼈다. 못하면 어떡하지?

사람들이 바보라고 생각하면 어떡하지? 난이도가 있는 과제 앞에서 언제나 이 같은 고민을 하므로 그런 걸 최대한 안 하는 방향으로 선택이 작용한다. 결국 이러한 선택이 누적됨으로 인해 머리를 더 안 쓰게 되고 자신의 지능에 대한 믿음이 갈수록 약해지는 악순환에 빠진다.

마인드 셋 이론에 따르면 실제로 자신이 가진 지능의 객관적 수치보다 자기 지능의 성장성에 대한 믿음이 훨씬 중요하다. 인간의 지능은 쓰면 쓸수록 발달하는 영역이 있고 그렇지 않은 영역이 있다. 뇌과학에선 수학적 계산능력과 관련된 지능은 어느 정도는 유전적으로 정해진 틀 안에서 발휘된다고 본다. 이를 '유동성 지능'이라고 정의한다.

반면 논리력이나 통찰력, 어휘력 같은 지능은 연마할수록 발달한다. 오히려 어릴 때보다 나이가 들어갈수록 더욱 좋아진다. 이를 '결정성 지능'이라고 부른다. 이름과 정의가 약간 반대의 느낌이 있긴 하다.

어쨌든 고정 마인드 셋을 가진 사람은 이 두 지능영역을 제대로 사용하지 못하게 된다. 유동성 지능도 충분히 자극을 주면 자신이 가진 유전적 최대치를 확인할 수 있지만, 뇌를 자극할 수 있는 도전적 과제를 자꾸 피하다 보니 그 최대치에 도달하지 못한다.

결정성 지능은 말할 것도 없다. 이 지능은 나이에 상관없이 자극하면 할수록 좋아짐에도 지능이 고정돼 있다는 믿음 때문에 논리력을 필요로 하는 머리 아픈 과제에 애당초 맞닥뜨리지 않는다.

안타깝게도 이러한 믿음은 어릴 적 양육자와의 관계로부터 크게 영향을 받는다. 자녀가 무언가를 잘하거나 가시적인 성취를 했을 때만 칭찬을 해주면 그 아이의 내면에서 고정 마인드 셋이 강화된다. 평소에 머리의 좋고 나쁨을 자꾸 거론하는 분위기, 타고난 능력을 칭송하는 환경이라면 그 경향성은 더욱 심해진다.

성장 마인드 셋을 형성해 주려면 반대로 하면 된다. 결과보다도 노력 그 자체를 칭찬해 줘야 한다. 재능이 아닌 성취를 위한 노력과 그가 흘린 땀의 가치를 언급하는 분위기에선 자연스럽게 성장 마인드 셋이 형성된다. 이런 내용이 지금은 꽤 상식이 되었지만, 이전엔 모든 지적 능력은 유전적으로 결정된다는 믿음이 강했고 지금도 그렇게 믿는 사람들이 있다.

당신은 성장 마인드 셋을 가진 사람인가? 고정 마인드 셋을 가진 사람인가? 당신이 리더라면 의도적으로라도 성장 마인드 셋을 가지려 노력해야 한다. 머리로만 이 개념을 알고 있는 사람은 절대 상대의 노력을 칭찬할 수 없다. 자기 자신이 먼저 성장 마인드 셋을 내면화하고 있어야 가능하다. 치과에서 만나는 사람들은 이미 성인이다. 즉, 어릴 적 양육자로부터 수많은 고정관념이 만들어진 상태다. 고정 마인드 셋을 가진 부모는 고정 마인드 셋을 가진 자녀를 만든다. 마찬가지로 성장 마인드 셋을 가진 부모는 성장 마인드 셋을 가진 자녀를 만든다. 고정 마인드 셋을 가진 부모가 자녀만은 성장 마인드 셋을 가지게 하고 싶다고 말하는 건 잘못된 환상이다.

인간의 가치관은 자신이 사용하는 언어에 자연스럽게 반영된다. 자녀가 아무리 학교나 외부에서 성장 마인드 셋의 자극을 받아와봤자 큰 힘을 발휘하기 어렵다. 오랜 시간 함께하는 공간인 가정에서 부모가 사용하는 고정 마인드 셋의 어휘에 노출되면 말짱 도루묵이기 때문이다. 이런 점에선 오히려 성인이 변화에 유리하다. 부모와 떨어져 지내는 경우도 많고, 함께 거주하더라도 일하는 시간이 압도적으로 늘어나면서 마주치는 시간이 어릴 때 비해 확연히 줄어든다. 부모의 고정관념에 덜 노출되는 것이다.

당신이 고정 마인드 셋을 가진 리더라면 당신과 같은 고정 마인드 셋을 가진 사람에게 무언가 기대하기가 어려울 가능성이 높다. 변화에 극도로 예민하고 자신에게 익숙한 일 위주로만 하려는 관성이 강하기 때문이다. 직장에서의 일이라는 게 내가 원하는 영역만 할 수 있는 경우는 그리 많지 않다. 상황에 따라 업무 분장이 새로 형성될 때도 있고 시기에 따라 더 많은 책임을 짊어져야 하는 일도 생긴다. 그럴 때마다 고정 마인드 셋을 가진 직원들의 거부 때문에 매번 고단해진다.

장기적으로 볼 때 리더가 성장 마인드 셋을 획득하는 게 큰 이득을 가져다준다. 모두는 아니더라도 당신의 마인드에 공명하는 직원이 하나둘 생기는데, 그들이 당신을 이을 다음 리더가 된다. 그러기 위해선 리더 스스로 성장 마인드 셋을 갖추려 노력해야 한다.

물론 쉬운 일은 아니다. 이삼십 년 동안 쌓인 믿음이 한순간에 바뀌는 건 거의 만화영화 시퀀스다. 내 경험상 최소 1~2년 이상의 꾸준한 노력과 자신을 돌아보는 지난한 과정이 필요하다. 이 노력의 과정에서 당신 안에 박혀 있는 고정 마인드 셋의 자아가 계속 방해할 수도 있다. "이렇게 한다고 사람이 변할까?", "괜히 헛된 노력을 하는 건 아닐까?" 믿음을 바꾸려고 할 때마다 방해하는 이 악마의 속삭임을 이제는 버텨내야 한다. 왜냐하면 당신은 누군가의 리더기 때문이다.

악마 리더와 천사 리더의 생존 법칙

대부분의 직장에는 두 종류의 리더가 있다. '일은 잘하는데 악마 같은 리더'와 '일은 좀 못해도 천사 같은 리더'가 그것이다. 물론 현실에선 훨씬 다양한 스펙트럼의 리더들이 존재하지만, 이 같은 일반화 작업은 현상을 더 명료하게 이해하도록 도와주기 때문에 한 번씩 언급할 필요가 있다. 그리고 지금의 이분법에 대체로 공감하지 않을까 싶어서 분류해 봤다. 실제로 티비 프로그램에서도 "만약 이 두 종류의 리더 중 내가 부하직원이라면 어느 리더와 일하고 싶은가?"와 같은 내용으로 투표를 진행하거나 토론하는 모습들을 심심치 않게 볼 수 있다. 특정 업무 분야에만 한정

된 게 아닌 보편적인 대립인 듯하다. 그렇다면 왜 반대의 경우는 잘 없을까? '일도 잘하고 천사 같은 리더', '일도 못하고 악마 같은 리더'. 어딘가 있긴 하겠지만 앞서 언급했던 두 리더의 출현 빈도에 비하면 상당히 보기 드물다. 특히 후자의 '일도 못 하고 악마 같은 리더'를 만나는 건 가뭄에 콩을 찾는 것보다 확률이 희박하다.

이 현상의 이면엔 진화심리학적 이유가 숨어 있다. 인간은 자신이 당면한 문제를 해결하기 위해 특정 감정을 사용한다. 이를테면 당신이 아프리카 대륙에 놀러 갔다가 갑자기 길에서 사자를 마주쳤다고 해보자. 이때 과연 무슨 감정이 생길까? 화라는 감정이 생길까? 그럴 리 없다. 만약 이런 상황에 화가 나서 사자와 싸우려 드는 사람이 있다면 그 사람은 주먹을 뻗기도 전에 즉사할 것이다. 당연하게도 대부분의 사람은 이때 '공포'의 감정이 발생한다. 사자의 먹잇감이 될 수도 있는 이 문제 상황에서 벗어나도록 신체 반응 체계가 공포라는 감정을 불러일으킴으로써 내가 도망갈 수 있게 돕는다.

이처럼 우리의 신체는 생존에 유리한 방향의 감정을 발생시키고 해당 상황에서 살아날 확률이 높은 행동을 만들어 낸다. 이 같은 원리를 업무 상황에 적용해 봐도 큰 무리 없이 이해될 수 있다. 일도 못하고 악마 같은 리더가 왜 없을까? 간단하다. 생존에 불리하기 때문이다. 보통 악마라는 별명은 '화'라는 감정을 자주 표출하는 사람에게 주어지는데, 일을 못하는 데다가 화까지 잘 내는 사람은 회사라는 정글에서 살아남을 수 없기 때문이다. 한마디로 생존에 불리하다는 걸 본능적으로 안다는 뜻이다. 마치 사자를 만난 상태에서 '화'라는 엉뚱한 감정이 나오면 안 되는 것과 같은 이치라고 볼 수 있다.

그래서 이들은 회사에서 어떤 문제가 발생하면 그 문제를 해결하기 위해 분노나 화보다는 공포나 공감을 활용할 가능성이 높다. 화가 난 상대에게 공포를 느끼고 그의 입장을 공감함으로써 상황을 벗어나려는 것이다. 이 사람에겐 이러한 감정 패턴이 회사 내 생존에 더 유리하다. 같은 이치로, 일 잘하는 악마 리더가 많은 이유는 '일을 잘한다'라는 특성의 비호 덕분에 화를 내도 생존에 전혀 문제가 없다는 걸 알기 때문이다. 오히려 화를 냄으로써 회사 내 생존에 유리해진다. 자신의 기분을 건드릴 때마다 쉽게 화를 내면 주변 사람들이 눈치를 보고 비위를 맞춰준다. 여러 가지 상황에서 스스로의 목소리를 낼 수 있고 업무 환경을 자신의 입맛에 맞게 변형시킬 수 있는 토대가 마련된다.

여기까지는 인간 본성이 1차원적으로 적용된, 생존과 감정 패턴 간의 인과관계다. 지금 현대 사회에선 이렇게 단순한 원리로 자신의 회사 내 생존이 확보된다고 볼 수 없다. 일을 잘한다고 마음대로 화를 내면 전체 조직의 소통 균형을 깨뜨린다. 이는 조직의 목적 달성에 큰 위기를 자초한다. '일을 잘한다'라는 특성이 우대받는 건 결국 기업의 목적 달성에 더 유리하게 만들어 준다는 본질 덕분이다. 그런데 너무 자기 마음대로 해 버리면 결국 스스로 그 본질을 걷어차 버리는 행위가 된다. 이런 경우 오히려 자신보다 일을 좀 못하는 사람한테 승진 자리를 내줄 수도 있다. 그러고 나서 승진 경쟁에서 왜 고배를 마셨는지 자신만 모른다.

일을 못함으로써 천사 역할밖에 할 수 없는 리더도 마찬가지다. 자신의 입장을 제대로 전달하지 못하고 공감과 경청만으로 리더십을 발휘하려다 보니 업무 능률에 한계가 생기고 자신 스스로도 대인관계에서 발생하는 회의감 때문에 괴로워한다. 리더로서 표면적 위계질서는 상위에 속할지 몰라도 눈에 안 보이는 심리적 위계가 바닥에 위치하기 때문에 하루하루가 고역일 가능성이 높다. 이 또한 여러 의미에서 생존에 불리하다.

사실 둘 다 극단적인 케이스를 상정하고 설명했음을 유념해야 할 것 같다. 대부분 사람은 중간 언저리에 위치한다. 일을 심각하게 못 하거나, 화를 심각하게 잘 내거나 하면 리더 자리에 애초에 올라오기 힘들다. 다만 그런 경향성은 분명히 가질 것이다. 만약 A라는 리더와 B라는 리더 중 A가 일을 좀 더 잘한다는 평을 받는다면 상대적으로 자신의 기분이나 입장을 잘 표명할 테고 B는 조금 더 선한 역할을 맡을 가능성이 높다. 이 부분은 심각한 양극단의 성향이 아니라면 문제가 되진 않는다. 오히려 적절히 활용할 수도 있다. 하지만 자신이 위에서 설명한 예시처럼 극단적인 유형이라 판단된다면 자신의 감정 메커니즘에 대해 깊이 고민해야 한다. 내가 갖고 있는 고질적인 감정 패턴을 파악하고 하나씩 고쳐 나가야 한다. 이를 다른 말로 마음의 성장이라 부른다. 물론 수십 년간 유지된 감정 패턴을 바꾸는 건 쉽지 않다. 그러나 쉽지 않다고 포기하면 위험해진다. 시간이 지날수록 점점 현실의 무게를 감당하기 어려워지기 때문이다.

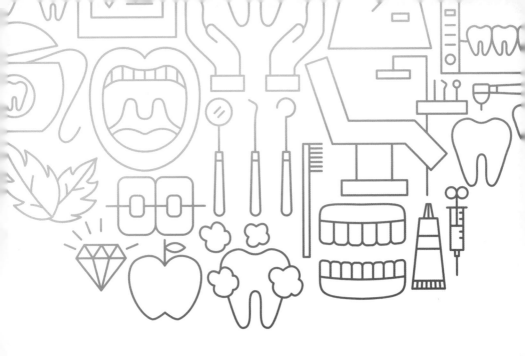

2

치과를 운영하기 위한
인문학적 원리 이해하기

영화 <설국열차>로 이해하는
천사와 악마의 존재 이유

천사 리더와 악마 리더는 대개 한 직장에 함께 존재하는 경우가 많다. 꼭 비슷한 직위에 동시에 존재한다기보다는 다른 직위에서 역할만 분배되기도 한다. 그런데 왜 하필 이런 역할들이 조직 내에 같이 있는 걸까? 그냥 악마는 없어지고 천사만 있으면 안 되는 걸까?

이 현상의 근본적인 이유를 보여주는 영화가 한 편 있다. 2013년에 개봉한 봉준호 감독의 〈설국열차〉라는 작품이다. 사실 이 영화는 동명의 프랑스 만화가 원작이지만 국내에선 영화가 상당한 흥행을 거둬서 영화로 더 유명하다. 나도 원작이 만화였다는 걸 비교적 최근에 알았다. 개봉한 지 10년이 지난 영화가 리더십에 어떤 통찰을 줄 수 있을까? 이에 대한 이해를 돕기 위해 영화의 내용을 좀 구체적으로 설명해야 할 것 같다. 지금부턴 스포일러가 있기 때문에 만약 〈설국열차〉를 볼 예정이라거나 여타 이유로 스포일러를 원하지 않는 사람은 영화를 보고 나서 이 책을 읽길 바란다.

〈설국열차〉의 세계관은 이렇다. 인류가 지구온난화 문제를 해결하기 위해 기후에 영향을 주는 물질인 'CW-7'을 발명한다. 이 물질은 대기의 온도를 낮추는 역할을 하는데, 부작용을 제대로 파악하지 못한 탓에 빙하기에 돌입한다. 그렇게 형성된 극심한 저온의 위력은 전 세계 사람들의 목숨을 앗아가 버리기에 충분했다. 이 상황에서 '윌포드'라는 사람이 만든 열차가 인류의 방주 역할을 한다. 살아남은 사람은 전부 그의 열차로 모여들게 되며, 이로써 이 열차는 인류의 유일한 터전이 된다.

열차 내부는 인간 사회의 특성을 반영한 듯 사회경제적 질서에 차별이 존재한다. 열차가 나아가는 방향인 '머리칸'에는 부유한 사람들만 산다. 그들은 안락한 보금자리, 신선한 먹거리, 화려한 음악과 쾌락을 향유하며 이 시스템을 창조한 윌포드를 경배한다. 반면 열차의 뒤쪽에 위치한 '꼬리칸' 사람들은 열악한 환경에 처해있다. 이들은 머리칸 사람들과 달리 냄새나는 잠자리와 역겨운 음식, 제대로 씻지 못해 땟국물이 흐르는 몸을 가누며 자신들을 이런 상황에 방치한 윌포드를 증오한다. 심지어 윌포드는 꼬리칸 사람들의 어린 자녀 중 몇 명씩 선별해서 머리칸으로 데려가 버린다. 눈앞에서 사랑하는 자녀와 주기적인 생이별을 겪어야 하는 꼬리칸 사람들은 더욱더 윌포드를 증오하게 된다.

빈곤에 허덕이는 꼬리칸 사람들   **향락을 즐기는 머리칸 사람들**

윌포드 기획, 길리엄 연출

영화의 메인 주인공 '커티스'는 후자의 꼬리칸 사람이다. 그는 언젠가 이 부조리한 사회를 뒤엎어 버리기 위해 머리칸을 정복하고자 하는 야망을 품는다. 그에겐 자신이 존경해 마지않는 인물, '길리엄'이라는 같은 꼬리칸 소속의 노인이 있다. 커티스만 길리엄을 존경하는 게 아니라 꼬리칸의 모든 사람이 그를 정신적 지주로 생각한다. 커티스는 길리엄의 조언에 힘입어 반란을 일으키고 머리칸으로 진격한다. 사실 커티스가 이런 반란을 일으킨 첫 번째 인물은 아니었다. 그전에도 몇 번의 반란이 있었으나 모두 실패했고 그 과정에서 무수히 많은 꼬리칸 사람의 죽음이 있었다. 하지만 영화의 특성상 주인공 사전에 실패란 없는 법. 마침내 반란에 성공한 커티스는 머리칸을 지나 열차의 전체 시스템을 관장하는 윌포드의 거처에 도달한다. 그리고 그는 윌포드로부터 삶을 송두리째 뒤흔들 충격적인 얘기를 듣게 된다.

자신이 평생 증오하며 살아온 윌포드와 삶의 이치를 깨닫게 해준 정신적 멘토 길리엄이, 사실은 서로 친구이자 정치적 동지였던 것이다. 윌포드의 거처에는 벽 너머 수화기가 하나 있었는데 이 수화기는 꼬리 칸의 가장 구석진 곳, 길리엄의 거처와 직통으로 연결되고 있었다. 둘은 중요한 사안이 생기면 언제나 이 수화기를 사용해 서로 상의했으며, 그동안 꼬리칸에서 일어난 반란들이 모두 실패한 이유도 길리엄이 윌포드에게 밀고했기 때문이었다. 이 사실을 알게 된 커티스는 엄청난 충격을 받는다.

월포드   길리엄

월포드와 길리엄은 도대체 왜 이런 기만을 유지한 걸까? 둘 다 인격에 하자가 있어서 그런 걸까? 반드시 그렇다고 볼 순 없을 것 같다. 그들의 선택을 윤리적 관점을 배제한 채로 보면 그 맥락을 어느 정도 이해할 수 있다. 설국열차의 내부 구조를 인류라는 한 종의 생태계 유지 측면에서 한번 생각해 보자. 열차가 수용할 수 있는 인간의 수는 정해져 있다. 자원 자체가 한정돼 있기 때문이다. 그런데 열차 내 인구는 계속 늘어나고 이미 포화 상태에 이르렀다면 어떻게 해야 할까? 열차 밖은 여전히 차가운 살기가 도사리고 있어서 도저히 나갈 수 없는 상황이라면? 인구를 줄일 수밖에 없다는 결론에 이를 것이다. 평화적인 방법으로 출산 억제 정책을 시행해 볼 순 있겠으나 그게 과연 먹힐지 알 수 없고, 이런저런 시행착오를 기다려 줄 만큼 열차 안의 상황이 호락호락하지 않다. 단 한 번

의 잘못된 정치적 판단이 인류의 절멸을 불러올 수 있는 상황이다.

　마침내 그들은 인구를 줄이기 위해 자연스러운 스토리를 만들기로 한다. 핍박받는 사람들과　핍박하는 지배층. 양자의 반목을 이용해 다툼을 유도하고 그 과정에서 일어난 살육으로 인구를 조절한다. 잘 짜인 각본이라는 측면에서 본다면 윌포드와 길리엄은 영화제작자와 비슷하다. 그들의 기획과 연출에 따라 죽어갈 배우들이 정해진다. 그리고 아역배우들, 머리칸으로 강제로 불려 갔던 꼬리칸의 어린아이들도 이 생태계 유지에 소모되고 있었는데, 알고 봤더니 열차 수리공으로 활동하고 있었던 것이다. 열차는 빙하기 직전 처음 운행된 이후 한 번도 멈춘 적이 없었고 멈추는 순간 끝이다. 알다시피 기계는 시간이 지나면 부품들이 노후되므로 적절한 시기에 수리를 해줘야 한다. 그런데 열차가 달리는 상태에서 수리하려면 구조적 특성상 좁디좁은 틈새로 들어가야 하는데, 이 틈새는 어린아이 외에 들어갈 수 없었기 때문이다.

　목적1. 꼬리칸 부모와 아이들의 생이별 → 꼬리칸과 머리칸의 반목 형성 → 전쟁을 통한 인구 조절

목적2. 꼬리칸 부모와 아이들의 생이별 → 인권 신경 쓸 필요 없는 어린아이 확보 → 열차 수리공으로 사용

열차의 생태계 유지를 위해선 반드시 인구 조절과 열차 수리라는 두 가지 과제를 지속적으로 완수해야 한다. 윌포드와 길리엄은 이것을 꼬리칸 부모들로부터 아이들을 강제로 떼어놓는, 일종의 실용적 퍼포먼스를 통해 달성하고 있었다. 물론 윤리적 관점으로 볼 때 굉장히 잔인한 판단이다. 만약 내가 저 상황이라면 아무리 전체를 위한다고 하더라도 죄 없는 어린아이를 희생시키거나 전쟁을 유도해서 인구를 조절하는 등의 기만을 펼치진 못할 것 같다. 아마도 평화의 시기에 태어난 나의 시대적 배경이 도덕 감정에 한계를 만드는 건 아닐까 생각한다. 윌포드와 길리엄이 나 같은 범인의 수준이었다면 인류의 운명을 거머쥔 열차의 생태계는 일찍이 끝났을 것이다.

각본과 역할에 대한 이해

우리가 주의 깊게 봐야 할 점은 이 두 사람의 역할과 이미지다. 길리엄은 꼬리칸 사람들에게 둘도 없는 천사다. 여기엔 이를 뒷받침하는 눈물

없이 들을 수 없는 감동 스토리가 존재한다. 꼬리칸은 늘 먹을 음식이 부족한 곳이다. 머리칸에서 '프로틴 블록'이라는 식량을 보급해 주기 전까지 꼬리칸은 심각한 기아에 허덕였었다. 그 시절 굶주림에 지친 주인공 커티스는 자기 동료들과 함께 아이 한 명을 잡아먹기로 한다. 그때 길리엄이 스스로 팔을 잘라서 그들에게 식량으로 건네준다. 대신 아이는 죽이지 말라며 당부한다. 이때부터 커티스는 마음을 고쳐먹고 길리엄을 정신적 지주로 대우한다. 이런 미담은 입에서 입으로 전해지며 길리엄의 천사 이미지를 더욱 공고히 한다. 반면 윌포드는 꼬리칸에게 둘도 없는 악마 역할이다. 머리칸만 배를 불리는 피도 눈물도 없는 독재자면서 동시에 자신들의 사랑하는 아이들을 강제로 빼앗아 가는 사이코패스 유괴범이다. 그는 꼬리칸 사람들에게 지옥을 선사한 사람으로서 악마의 이미지를 공고히 한다.

이렇듯 두 사람은 열차 내에서 서로 반대의 역할을 맡고 있다. 그것이 전체 시스템의 유지를 위한 배역이라는 사실을 열차에 탑승한 시민들은 전혀 알지 못한다. 눈에 보이는 표면적 현상에만 매몰되면 지금처럼 심층적인 영역에서 움직이는 정치적 입장과 그에 따른 효과를 전혀 알 수 없다. 이런 원리는 국가에서 나타나는 정치 현상들과도 상당히 일치한다. 뉴스에 나오는 정치인들을 보면 정말 어리석고 황당한 말이나 해대는 사람들 같지만, 사실은 자신들의 역할과 배역에 맞춰 어느 정도 연출된 거라고 봐야 한다. 당연히 치과도 예외가 아니다. 치과라는 설국열차를 운영하고자 한다면 누군가는 윌포드가 돼야 하고 누군가는 길리엄이 돼야 한다.

영화에서 우리가 뽑아내야 할 명제는 이 두 명의 리더가 얼마나 무모하고 악덕한가가 아니다. 두 사람의 관계가 열차 내 시스템의 유지에 어떤 이점을 주고 있느냐가 핵심이다. 다행히 오늘날 직장 환경에선 누군가의 목숨을 해치거나 인권을 유린하면서까지 리더가 될 필요는 없다. 하지만 때에 따라 약간의 기만은 필요하다. 나쁜 목적으로 타인을 속이고 자신의 이익을 취하라는 뜻이 아니다. 조직의 목적 달성을 위해 누군가의 인권이 다치지 않는 평화적인 선에서 직원들의 눈에 보이지 않는 심층적 판단을 해야 할 때가 있다는 얘기다. 그리고 그런 판단을 하려면 윌포드과 길리엄처럼 치과를 이끄는 리더들이 서로의 역할을 이해하고 보이지 않게 지지해 줘야 한다.

만약 이런 이해가 부족하면 어떤 현상이 나타날까? 가장 자주 볼 수 있는 장면은 악마 역할을 하는 리더와 천사 역할을 하는 리더가 서로를 '진심으로' 미워하는 현상이다. 조직 내에서 악마 역할이라는 건 화, 분노, 짜증과 같은 공격적인 감정을 잘 드러낸다는 부정적 의미를 뜻하기도 하지만 반드시 나쁜 면만 있는 건 아니다. 악마 역할을 맡고 있는 리더들은 업무능력이 좋은 경우가 대부분이고, 그들이 하는 말을 감정을 걷어내고 들어보면 일의 효율성과 합리성을 위한 피드백에 해당되는 내용들이 많기 때문이다. 만약 이런 역할이 부재하면 업무 피드백이 줄어들고 긴장도가 약해지면서 또 다른 부작용이 생긴다.

이들의 단점은 악마라는 호칭답게 직원들과 소통하는 데 한계가 생긴다는 사실이다. 자신 혼자 악마와 천사 역할을 오롯이 다 할 수 있을 거라 생각하면 오산이다. 인간은 자신이 받아들이기 힘든 이유로 자신을 혼낸 사람에겐 마음을 다 오픈하지 않는다. 상사 앞이니까 웃으면서 비위를 맞춰줄 순 있지만 그게 본심이 아니라는 걸 알아야 한다. 어느 날 갑자기 퇴사한다고 해서 놀랄 게 아니다.

천사 역할도 마찬가지다. 악마 역할을 하는 리더가 있으면 직원들과의 소통이 어려워지고(이 내용은 뒤에 채널 구축 챕터에서 자세히 다룸) 내부 분위기가 좋지 않게 흘러갈 가능성이 높은데, 이때 중화작용을 해주는 게 바로 천사 역할이다. 여기서 천사 역할의 리더들이 알아야 할 점은 악마 역할 덕분에 자신들이 얻고 있는 반사이익이 있다는 것이다. 그들은 직원들의 입장을 자주 들어주고 공감해 주는 역할을 하다 보니 인기가 많을 가능성이 높은데, 이는 오롯이 자기 능력만으로 이뤄낸 결과가 아니라는 걸 알아야 한다. 만약 악마 리더가 사라지면 직원들의 품행이나 태도가 눈에 거슬릴 만큼 변할 수도 있다.

악마 리더와 천사 리더는 서로의 반쪽이다

월포드와 길리엄처럼 치과의 리더들은 보이지 않는 곳에서 서로 긴밀히 소통하고 있어야 한다. 직원들이 볼 때 표면적으로는 서로 그다지 친해 보이지 않더라도 뒤로는 스태프들의 현재 상태, 생각, 목표, 고민 등 서로 입수한 정보들을 공유하고 이 내용들을 바탕으로 방향을 잡아야 한다. 예를 들어, 악마 리더가 혼낸 직원이 있다면 그 직원을 어떤 상황에서 어떤 내용으로 혼냈는지 천사 리더에게 정보를 전달하고, 해당 직원의 감정과 생각을 파악할 수 있도록 천사 리더가 접근할 수 있게 도와줘야 한다. 천사 리더도 혼난 직원과 자연스럽게 대화를 시도하면서 자신이 혼난 이유를 부당하게 생각하는지, 고쳐야 할 부분으로 받아들이는지, 악마 리더에 대한 원망이 어느 정도인지 파악해야 한다. 그리고 해당 정보를 다시 악마 리더와 공유하고 이 직원의 성장과 치과의 목표를 위해 자신들이 어떤 태도를 취할 것인지 각자의 역할에 맞게 고민할 수 있어야 한다. 이런 정치적 짜임새를 모르는 천사 리더는 아주 순진하게도 악마 리더를 그 혼난 직원과 함께 험담하기만 한다. 악마 리더를 너무 두둔해도 문제겠지만 적당히 공감해 주면서(혼난 직원의 기분을 풀어줘야 하므로) 혼난 직원에게 악마 리더의 입장도 조금씩 얘기해줄 수 있어야 한다. 이때다 싶어 자신이 악마 리더를 더 험담하고 거들다가 굳이 하지 않아도 될 말까지 해버리고 사태가 더욱 악화되는 게 최악의 경우다. 이런 천사 리더는 그 악마 리더가 나가면 평화가 올 거라 기대하지만 딱히 그렇지도 않다.

이는 마치 진보와 보수가 정치적으로 갈등하는 것을 보면서 둘 중 하나만 존재해야 한다고 믿는 것과 같은 태도다. 내가 20년 전부터 어른들에게 들었던 말이 있다. 우리나라 정치인들 하는 행태를 보면 얼마 안 있어서 나라가 망할 거라는 얘기였다. 그리고 항상 상대 진영이 사라져야 한다고 주장했었다. 10년 전에도 똑같은 말을 들었고 지금도 마찬가지다. 여전히 보수는 진보를, 진보는 보수를 없애야 나라가 좋아진다고 말하지만, 나는 이 대립과 갈등이 유지된 결과로 우리나라가 선진국이 되었다고 믿는다. 정치적으로 어느 한쪽을 완전히 짓밟아 버린 국가 중에 우리나라만큼 경제적 성장과 인권 시스템을 이룩한 나라가 있는지 의문이다. 이처럼 치과의 리더들 또한 서로가 왜 존재하고 왜 필요한지 알아야 전체 조직의 성장을 이룩할 수 있다. 만약 당신이 직원들에게 혼내는 역할을 주로 하고 성향 자체도 남들보다 화가 많은 편이라면 그런 약점을 보완해 줄 천사의 존재가, 반대로 원래 쓴소리를 잘 못하고 공감과 경청을 주로 사용하는 리더라면 악마의 존재가 당신의 반쪽임을 명심해야 한다.

드라마 <스토브리그>에서 나타난
고연차 직원과 리더의 차이

일을 오래 하면 모두 리더가 되는 걸까? 리더의 정의에 따라 다르겠지만 내가 생각하는 리더는 오래 일했다는 사실과 반드시 상관이 있는 건 아니다. 직책의 유무도 본질을 비껴간다. 같은 직장에서 같은 일을 오래 한 사람일수록 그 일에 숙달돼 있기 때문에 리더가 될 가능성이 비교적 더 높긴 하겠지만 꼭 비례한다고 볼 순 없다.

'인간과 집단에 대한 이해'라는 본질을 갖추지 않으면 아무리 실력이 좋고 직책을 달고 있더라도 그는 리더가 아니라 그냥 고연차일 뿐이다.

2019년에 SBS에서 방영한 야구 드라마 〈스토브리그〉에서 주인공 남궁민(백승수 역)이 활약했던 장면을 보면 이해가 더 쉽다. 이 작품은 만년 꼴찌팀인 '드림즈'라는 구단에 야구의 야 자도 모르는 남궁민이 새로운 단장으로 입단하면서 벌어지는 다양한 에피소드를 담은 드라마다. 작품 속 드림즈의 리더들을 보면 왜 그동안 드림즈가 꼴찌일 수밖에 없었는지가 잘 드러난다.

드림즈 내부는 그야말로 엉망진창이다. 감독이 아무런 힘도 없이 코치들의 눈치를 보고 있으며, 코치들도 그런 감독을 무시하고 자기들끼리 파벌 싸움에 집중한다. 구단 선수들은 성격이 불같은 에이스 타자 조한선(임동규 역)의 눈치만 보고, 자신의 실력에 한껏 취한 조한선은 본인 입맛대로 선수들을 구성한다.

그들은 서로의 존재 이유를 전혀 모르는 집단의 전형적인 패턴을 보여준다. 이런 열악한 상황에서 남궁민은 단장으로서 자신이 할 수 있는 최선의 판단을 한다. 그런데 남궁민의 판단을 이해하지 못한 구단 관계자들은 그의 입장을 지지해 주지 않는 건 물론이거니와 심각한 훼방까지 놓는다.

파벌 싸움하는 코치진

말리지 못하는 무능한 감독

선수들을 마음대로 대하는 에이스 타자

이런 상황에서 단장이 된 남궁민

우선 본격적인 내용에 들어가기 전에 야구 관련 지식을 잠깐 설명해야 할 듯하다. 야구 선수들은 임금을 연봉으로 계약한다. 그런데 계약한 1년의 기간 중 10개월은 활동기간으로 적용되고, 겨울에 해당하는 나머지 2개월은 임금이 포함되지 않는 비활동 기간으로 인정된다. 그 두 달 동안 각자 자유롭게 훈련할 사람은 훈련하고 쉴 사람은 쉬는 것이다. 이때 만약 구단이 선수에게 훈련을 강제하게 되면 야구선수협회와 구단 간의 갈등이 발생한다. 심하면 벌금까지 물어야 할 수 있다. 무임금 무노동 원칙을 선수들에게도 철저히 적용해야 한다는 게 선수협회의 입장이다.

하지만 드림즈의 모든 선수가 협회의 입장을 달가워하는 건 아니었다. 비록 겨울이지만 그 2개월 동안 부족한 자신의 실력을 키우고 싶어 하는 선수들도 분명히 존재하기 때문이다. 그런데 구단 입장에선 비활동 기간 훈련금지 규칙으로 인해 그런 니즈를 가진 선수들에게 전문적인 훈련을 시켜 줄 수가 없는 상황이다.

연봉이 높은 선수들이야 이 기간에 자기 사비로 따뜻한 나라에 전지훈련을 가버리므로 큰 상관이 없다지만(날씨에 따라 훈련의 질이 완전히 달라진다고 한다), 연봉이 낮은 선수들에게 해외훈련은 꿈같은 일이기 때문에 그들에겐 차라리 추운 국내에 있더라도 구단을 통해 전문적인 훈련을 받는 게 나은 상황이다.

그런데 선수협회의 규칙이 이를 가로막은 덕에 빈부의 격차가 실력의 격차가 돼버린다. 모든 선수의 실력이 향상돼야 다음 시즌 성적을 높일 수 있는 구단 입장에선 오히려 안 좋은 규칙이라 해석할 수도 있다. 여기까지 판단이 선 남궁민은 이런 구단의 입장을 밀고 나가기로 한다. 연봉이 낮은 선수들에게 임금이 적용되지 않는 2개월 동안 전문적인 훈련을 제공함으로써 선수협회의 규칙을 무시하는 행보를 보인 것이다. 단, 스스로 훈련받고 싶다고 자처한 선수에게만 시행하겠다는 단서는 달았다.

당연히 선수협회에서 이를 가만 놔둘 리 만무했다. 바로 남궁민의 행보에 제동을 걸었고 언론에서도 이 둘의 갈등이 첨예하게 대립하는 것을 앞다투어 취재한다. 그런데 여기서 간과된 부분이 하나 있었다. 선수들의 훈련에 대한 권한은 단장인 남궁민이 아니라 감독에게 있다는 사실이다. 그동안 감독이 계속 남궁민의 입장을 지지했었기 때문에 이번에도 당연히 같은 입장이라고 생각한 것이다. 감독 또한 이러한 남궁민의 행보를 마음에 들어 하지 않는다는 걸 아무도 몰랐다. 결국 사태가 더 악화되기 전에 감독이 구단 관계자들을 모두 모아서 남궁민이 주도했던 훈련을 취소시킨다. 훈련에 대한 권한은 전적으로 자신의 소관이라고 분명히 못 박으면서 말이다.

이러한 남궁민의 행보에 대해 사람들은 비난한다. 당연히 하면 안 되는 내용인데 왜 굳이 밀어붙인 건지 이해하기 어렵다는 반응이 대부분이다. 하지만 남궁민 본인도 이미 이렇게 될 걸 알고 있었다. 그가 진짜 원하는 목적은 따로 있었는데, 이유는 크게 두 가지가 있다. 첫째는 연봉이 낮은 선수들에게 자신의 현실을 자각하게 만들고자 함이다. 사실 선수들은 같은 팀에 속할 땐 동료지만 계약에 의해 언제든 팀을 떠날 수 있는 경쟁자이기도 하다. 연봉이 낮은 선수는 연봉이 높은 선수와 경쟁하려면 어떻게든 그 차이를 메우기 위해 노력해야 한다. 그들과 똑같이 훈련하게 될 경우 빈부의 격차로 인해 자연스럽게 실력 차이가 더 벌어지기 때문이다. 남궁민은 혹시나 이런 생각을 전혀 못하고 두 달 동안 맘 편히 쉬려는 저연봉 선수들에게 경각심을 새겨 준 것이다. 두 번째 의도는 감독의 리더십을 고양시키기 위한 목적이다. 그동안 감독이 남궁민의 의견에 토를 달지 않고 순순히 따르는 모습들 때문에 다른 관계자들과 선수들 사이에서 계속 말이 나왔었다. 그래서 그는 감독이 거절할 수밖에 없는 행동을 함으로써 감독이 갖고 있는 권한과 주체성을 여러 사람에게 환기시킨 것이다.

표면적 의도와 숨겨진 의도

앞선 챕터에서 살펴본 〈설국열차〉의 리더들과 〈스토브리그〉의 남궁민이 갖는 공통점이 무엇일까? 바로 '표면적인 입장과 실질적인 입장을 구분해서 드러낼 수 있는 시야가 있다는 점이다. 윌포드와 길리엄은 표면적으로는 대척 관계인 것처럼 대중에게 알려져 있었지만, 사실은 아군이었다. 꼬리칸의 아이들을 강제로 머리칸으로 데려가면서 '어떠한 설명도 해주지 않음'으로써 열차 내 계급 갈등을 부추겼고, 그렇게 벌어진 전쟁으로 인구를 조절하면서 열차의 시스템을 유지했다. 만약 윌포드와 길리엄이 솔직하게 "열차를 수리하지 않으면 모두의 목숨이 위험하기 때문에 수리할 수 있는 아이들이 필요하다"는 사실을 꼬리칸 사람들한테 구구절절 설득하고 데려왔다면 어떻게 됐을까? 그들의 분노가 임계치를 넘기지 못해 전쟁까진 일어나지 않았을 것이고, 따라서 인구를 조절할 사건과 명분이 사라짐으로써 모든 사람이 위험해질 수 있었다.

남궁민도 마찬가지로 자신의 원래 의도(감독의 리더십 고양)를 숨기고 누구나 알 수 있는 표면적인 의도(구단은 선수를 훈련시켜야 함)를 따로 만듦으로써 자신이 원하는 바를 훨씬 더 효과적으로 달성한다. 만약 자신의 원래 의도를 그냥 드러내놓고 말하면 어떻게 될까? 그러니까 감독의 리더십을 고양시키기 위해 코치와 선수들한테 "감독님도 선수들을 이끄는 수장이고 리더인데 너무 무시하지 말고 좀 따라주세요"라고 한다면? 과연 그 말을 듣고 잘도 따라줄까? 오히려 역효과가 발생할 거라는 건 굳이 말 안 해도 느껴진다. 이렇듯 자신의 의도를 적절하게 숨김으로써 더 큰 이득을 얻는 활동, 이것을 일반적으로 '정치'라 부른다. 즉, 앞에서 설명한 〈설국열차〉와 이번 챕터인 〈스토브리그〉의 전체 내용을 한마디로 요약하면 "정치를 모르면 리더가 될 수 없다"는 말과 같다.

결국 인간관계의 숨은 논리를 볼 수 있느냐 없느냐에 따라 리더와 고연차 직원이 갈린다. 이것은 단순히 오래 일하기만 한다고 해서 갖춰지는 시야가 아니다. 인간 집단에서 벌어지는 현상을 분석하고 의심하고 생각하지 않는 사람은 아무리 오래 일한다 해도 고연차 직원의 시야에서 멈춘다. 원장, 팀장, 실장의 직함을 갖고도 아직 고연차의 시야에 멈춰 있는 사람이 있는 반면에 일반 직원임에도 리더의 시야를 가진 사람도 있다. 이런 시야를 갖기 위해 어느 정도의 시간은 절댓값으로서 반드시 필요하지만 그 이상은 불필요하다.

이렇듯 리더라는 위치는 잘하면 칭찬받고 못하면 욕먹는 그런 단순한 평가체계로 판단할 수 있는 자리가 아니다. 모두가 최고의 리더라고 칭찬하는 사람도 사실은 그 조직을 망가뜨린 대가로 칭찬이라는 부산물을 얻고 있는 것일 수 있다. 정말 최악의 리더라고 비난받는 사람이 사실은 그 조직에 없어선 안 될 진짜 리더일 수도 있다. 표면적으로 드러난 평가와 실제 기여도 간에 불일치가 존재한다는 것을 잊으면 안 된다. 리더는 상황에 따라 자신이 칭찬받아야 할 때와 받지 말아야 할 때, 욕을 먹어야만 할 때와 그렇지 않아야 할 때를 구분할 수 있어야 한다. 그에 대한 판단은 내 기분이 아니라 조직의 목적과 방향에 달려 있다.

영화 <보헤미안 랩소디>와
갈등의 중요성

치과뿐만 아니라 모든 조직에서 언제나 갈등이 발생한다. 갈등은 스트레스를 유발하고 그 갈등의 발원지를 원망하게 만든다. 하지만 우리의 소원대로 모든 갈등이 사라지면 어떤 현상이 나타날까?

2018년에 개봉한 영화 <보헤미안 랩소디>는 과거 영국의 전설적인 록 보컬이었던 '프레디 머큐리'와 그가 속한 그룹 '퀸'의 서사를 담은 음악영화이다. 작품 속에서 주인공 프레디와 그의 동료들은 한때 이름 없는 무명 음악가였다. 이후 그들만의 독특한 음악성과 자유로운 영혼이 발산하는 히피함에 많은 사람이 매료됨에 따라 세계적인 록 밴드로 거듭나게 된다. 서로 함께하며 수많은 명곡을 작곡하고, 그렇게 완성된 곡들은 지금도 대중들에게 친숙하게 알려져 있을 만큼 퀸의 영향력은 대단했다.

영화를 보면 퀸의 멤버들이 곡을 만드는 장면이 종종 나온다. 그중 그들의 전 세계적 히트곡인 〈Another one bites the dust〉라는 곡을 작업하는 과정에서 프레디와 동료들은 주먹다짐하기 직전까지 갈 정도로 갈등이 고조된다. 이런 갈등이 힘들었던 프레디는 동료들과 지속적인 마찰 끝에 그룹을 떠나기로 결심한다.

동료들과 갈등하는 프레디

자신을 전폭적으로 지지해 주겠다고 나선 남자 매니저(자신과 동성애

적 관계에 있는)와 함께 독립하게 되는데, 이때부터 자신이 작업한 음악에 대해 태클을 거는 사람이 모두 사라진다. 매니저는 프레디가 무슨 곡을 만들든 괜찮다고, 좋다고만 피드백하며 그를 부추긴다. 결국 위대한 곡이 만들어질 거라는 그의 예상과는 달리, 자신의 기대에 미치지 못하는 결과물들을 마주하게 된다. 프레디와 퀸의 동료들은 서로 음악적으로 같은 목적을 추구하며 갈등했으나 그의 매니저는 음악과 관련된 목적은 전혀 공유하지 않았으므로 곡에 대해 건전한 비판을 해줄 수 있는 사람이 아니었던 것이다. 프레디는 고심 끝에 다시 동료들의 곁으로 돌아간다.

치과 내 데스크와 진료실의 갈등도 이와 비슷한 양상을 띤다. 데스크 직원은 환자 예약과 대기실 관리에 업무 비중이 집중돼 있다. 반면 진료실에서 일하는 직원은 진료실 내부 관리와 예약된 환자를 정해진 시간에 맞게 치료하는 것이 주된 업무다. 모든 치과가 이렇게 양분돼 있진 않고 규모가 커질수록 이와 같은 경향을 보인다. 이렇게 업무를 분업화할 만큼 치과 규모가 크다는 건 직원이 많을 가능성이 높다는 얘기다. 때문에 업무영역에 따른 집단적 대립이 발생할 수도 있음을 뜻한다. 이 중 가장 자주 나오는 갈등이, '데스크 직원이 진료실 상황을 제대로 파악하지 않고 새로운 환자 예약을 잡았을 때', 그리고 '정해진 치료 시간이 지났는데도 계속해서 치료하고 있는 진료실 직원이 있을 때'이다. 전자는 진료실 직원이, 후자는 데스크 직원이 열받는다. 이렇듯 본인이 부여받은 역할과 조직 내 직책에 따라 원하는 바와 관점이 달라진다.

그렇다고 이들이 가진 관점이 전부 다른 건 아니다. 의료종사자의 특성상 한 가지 독특한 관점을 함께 공유하게 되는데, 그것이 바로 '환자'라는 개념이다. 치과는 영리적인 목적과 더불어, 우리 치과를 찾아준 환자를 위해 무엇을 할 수 있을지, 어떻게 하면 더 좋은 의료 서비스를 제공할 수 있을지 고민하는 집단이다. 진료실과 데스크가 서로 맡고 있는 역할과 임무는 달라도 '환자'라는 공통된 업무 목적을 공유한다는 점에선 같은 배를 타고 있다는 얘기다.

좋은 갈등과 나쁜 갈등

어느 직장이든 갈등이 없을 수 없으며, 어떨 때는 갈등이 반드시 필요할 때도 있다. 왜냐하면 우리가 겪는 모든 갈등에는 좋은 갈등과 나쁜 갈등이 있기 때문이다. 조직의 목적에 부합하는 갈등은 좋은 갈등이다. 퀸의 음악적 목적(좋은 곡을 제작하기 위한)을 위해 서로 의견이 대립하고 때론 미워하게도 만드는 갈등은 건전한 갈등이다. 환자와 치과의 성장을 위해 더 나은 방향을 제시하는 과정에서의 갈등도 좋은 갈등이라 볼 수 있다. 그러나 서로의 반목이 심해지고 그 미움이 곪아서 더 이상 얘기하지 않거나 과격한 행동을 하는 건 나쁜 갈등이다.

즉, 갈등 자체를 없애고자 하는 극단적 행위들은 모두 조직의 미래를 파괴하는 행동인 것이다. 예를 들면 조직 내에서 갈등을 일으키는 직원을 무조건 퇴사시키거나, 자신의 의견에 반박하는 사람과는 아예 말을 섞지 않으려 하는 행위 등을 들 수 있다. 이 두 행위는 모두 갈등을 회피하는 방편이며 결코 건전치 않은 방법이다.

우리는 이를 구분함으로써 어떤 갈등을 위해 노력해야 할지 알 수 있다. 그런데 많은 사람이 프레디와 마찬가지로 '갈등'이라는 카테고리 안에 둘 다(좋은 갈등, 나쁜 갈등) 집어넣고 갈등 자체를 안 좋게 바라보는 우를 범한다. 프레디는 갈등만 사라지면 자신에게 멋진 미래가 펼쳐질 거라 믿었다. 그 미래란 '스트레스 받지 않고 멋진 곡을 뽑아낼 수 있는 환경'이다. 하지만 비판 없이 만들어진 자신의 곡 상태를 보면서 그가 쫓는 파랑새는 결코 존재하지 않는다는 걸 깨닫게 된다.

중요한 건 갈등 그 자체가 아니라 갈등을 바라보는 시선이다. 갈등 없는 조직, 갈등 없는 관계, 갈등 없는 치과. 이상적으로 보이겠지만 이는 분명 환상이다. 그리고 내가 갖게 되는 그 환상 때문에 결국 안 좋은 갈등으로 번지게 된다. 내 환상을 깨는 모든 대상에 증오심을 갖게 되기 때문이다. 따라서 조직의 목적을 달성하기 위해 명심해야 할 것은, 유토피아를 가정한 채로 모든 갈등을 없애려 하는 것이 아닌, 이러한 갈등의 종류를 잘 구분하고 필요한 갈등과 공생할 수 있는 방안을 찾는 것임을 잊지 말아야 한다.

치과의 내부 문제를 바라보는 두 가지 관점

세계를 바라보는 다양한 기준이 있다. 신의 존재 유무를 기준에 놓으면, 신이 있다고 믿는 '유신론적 세계'와 신이 없다고 믿는 '무신론적 세계'로 구분할 수 있다. 오직 우리가 사는 현실 세계만 있다고 믿는 '일원론'과 또 다른 차원의 세상이 있다고 믿는 '이원론'도 세계를 보는 기준을 약간 바꾼 내용이다. 일원론과 이원론이라는 용어가 조금 낯설 수 있는데, 알고 보면 우리에게 상당히 익숙한 개념이다. 기독교에서 말하는 천국이나 우리나라 토속 신앙에서 언급하는 저승 같은, 일종의 내세가 있다고 믿으면 이원론, 없다고 믿으면 일원론이다. 이를 흔히 '세계관'이라 부르기도 한다. 인류의 사상사를 뒤져보면 지금 나열한 개념 외에도 세상을 구분하는 다양한 세계관이 존재한다는 걸 알 수 있다. 이러한 세계관이 중요한 이유는 인간의 생각 속에 침투해, 우리의 가치관에 엄청난 영향력을 행사하기 때문이다.

그 대표적인 세계관이 '기계론'과 '목적론'이다. 이 개념은 세상에 나타난 현상과 이유를 설명할 때 주로 사용된다. 먼저 기계론에 대해서 알아보자. 기계론은 이 세상에 나타나는 모든 현상은 원인과 결과로 이루어진다고 본다. 시간상으로 어떠한 원인이 먼저 있었고, 그 원인에 따라 결과가 나타난다는 뜻이다.

내가 돌멩이를 들어서 마당에 던졌다고 해보자. 이때 돌멩이가 마당에 떨어진 이유는 무엇인가? 기계론적인 관점으로 대답하게 되면 "내가 조금 전에 그 돌멩이를 집어 던졌기 때문"이라고 말할 수 있다. 사건이 일어난 시간적인 순서로 원인과 결과를 설명하기 때문이다. 그래서 기계론은 최초의 원인을 중요시한다. 이 사건의 결과를 시간 역순으로 타고 올라감으로써 진짜 원인을 찾는다. 내가 돌멩이를 던진 이유는 무엇인가? 내가 싫어하는 벌레가 마당에 나타났기 때문이다. 그 벌레는 왜 마당에 나타났는가? 우리 집 마당에 꽃이 피었기 때문이다.

이를 정리하면 다음과 같다.

돌멩이가 마당에 떨어져 있다(결과) → 돌멩이가 마당에 떨어진 이유는 내가 돌멩이를 던졌기 때문이다 → 돌멩이를 던진 이유는 내가 싫어하는 벌레가 나타났기 때문이다 → 벌레가 나타난 이유는 우리 집 마당에 꽃이 피었기 때문이다(최초의 원인)

따라서 우리 집 마당에 꽃이 핀 것이, 마당에 돌멩이가 떨어진 최초의 원인이자 궁극의 이유가 된다. (물론 원인을 거슬러 훨씬 더 올라갈 수 있으나 개념에 대한 설명이 목적이므로 여기까지만 원인 설정함)

반면, 목적론적 세계관은 세상을 다르게 본다. 기계론처럼 단순히 물리적인 시간 순서로만 결과를 바라보지 않는다. 그 결과가 왜 존재하는지 목적과 의미를 바탕에 두고 바라본다. 그래서 목적론은 모든 자연과 생물, 현상에 그것이 존재하는 고유한 목적이 있다고 설명한다. 즉, 원인에 의해 결과가 정해지는 게 아니라 목적에 의해 결과가 정해진다는 관점이다.

내가 던진 돌멩이가 마당에 떨어진 이유를 목적론으로 설명하면 어떻게 될까? 그 돌멩이가 마당에 떨어져 있는 이유는 내가 조금 전에 집어 던졌기 때문이 아니다. 내가 싫어하는 그 벌레를 돌멩이로 맞추기 위함이었다는 게 목적론적 설명이다. 즉, 무엇을 '위해' 그런 결과가 나타났냐가 중요하다는 뜻이다.

기계론과 목적론의 세계관은 무신론자와 유신론자의 생각 차이를 통해 쉽게 관찰할 수 있다. 만약 신이나 초자연적인 것을 믿지 않는 무신론자에게 "당신은 왜 태어났는가?"라고 물어보면 뭐라고 답할까? 그는 "부모님이 결혼한 결과로 내가 태어났다"고 얘기할 것이다. 사건의 시간 순서로 결과를 바라보는 기계론적 관점이다. 반대로 신을 믿는 유신론자에게 같은 질문을 했을 때 뭐라고 답할까? 신앙심의 정도에 따라 차이는 있겠지만 "나는 신의 뜻에 따르기 위해, 신을 섬기기 '위해' 태어났다"고 답하는 사람도 있을 것이다. 이는 사건의 시간적 순서가 아니라 그 결과의 목적과 의미를 바탕으로 한 전형적인 목적론적 대답이다. 이처럼 인류가 만든 철학적, 과학적, 신학적 세계관은 우리 무의식에 깊숙이 파고들어 사고방식 자체를 지배한다. 자신도 모르게 하고 있는 생활 속 무수한 판단들이, 알고 보면 이런 인문학적 배경의 토대 위에 세워진다는 사실을 대부분은 모르고 살아간다. 여기서 중요한 건 이 개념을 자각하느냐 못하느냐에 따라 삶에 큰 차이가 만들어질 수 있다는 사실이다.

기계론 리더 vs 목적론 리더

만약 기계론적 사고방식으로만 문제를 해결하려는 사람과 목적론적으로만 문제를 해결하려는 사람이 있다면 어떤 현상이 나타날까? 두 명의 사람이 있다고 한번 가정해 보자. 한 명은 문제가 생기면 반드시 최초의 원인을 찾으려고 하는 사람이다. 이 사람은 문제가 발생하게 된 사실관계를 매우 중요시하며 다음에 같은 문제가 발생하지 않도록 발본색원을 원칙으로 삼는다. 즉, 기계론적인 관점을 가진 사람이다. 다른 한 명은 목적론적인 관점에서만 문제를 해결하려는 사람이다. 이 사람은 문제가 발생했을 때 최초의 원인보다는 그 문제가 발생한 이유와 목적이 훨씬 중요하다고 생각한다. 실제 일어난 사실관계에 집중하지 않고 그 문제를 누가 어떤 목적으로 일으켰는지, 이 문제에 어떤 의미가 있는지 생각한다.

이 두 명 중 누가 더 현명한 사람일까? 당신이 보기에 누가 조직을 이끄는 데 적합한 리더상인가? 사실 둘 다 해당한다고 보기 어렵다. 정확히 말하자면 이 두 사람은 어느 한 영역에서만 현명한 사람이다. 기계론적 관점을 가진 사람은 구체적인 실무에서 좋은 역량을 발휘할 수 있다. 만약 근무하는 치과에 컴퓨터가 자주 고장 난다면, 원인과 결과를 중요시하는 기계론적 사고관의 사람은 그 컴퓨터가 고장 난 최초의 원인을 찾고자 노력할 것이다. 먼저 컴퓨터의 전원 코드가 잘 꽂혀있는 지 체크해 본다. 문제가 없다면 컴퓨터 본체의 하드웨어를 점검해 본다. 하드웨어에도 문제가 없는 것 같으면 컴퓨터가 꽂혀 있는 전원 콘센트 그 자체에 문제가 있는 건 아닌지도 의심해 본다. 이 같은 방식으로 차근차근 문제의 원인을 찾아서 거슬러 올라간다. 이런 사고방식과 태도를 가지면 근본적인 문제의 발원지를 찾을 확률이 높아진다.

이번엔 기계론적 사고방식을 대인관계에 적용해 보자. A라는 사람과 B라는 사람이 의견 차이를 좁히지 못해 싸움이 났다. 나는 이 문제를 해결하려고 한다. 이때 내가 기계론적인 인과관계를 기준으로 문제를 바라보면 누가 이 싸움의 최초의 원인인지가 중요해진다. 그 원인을 찾으면 결과도 알 수 있기 때문이다. 그래서 두 사람의 얘기를 들으며 문제를 만들어 낸 최초의 사람, 원인 제공자를 찾으려 한다. 하지만 A와 B가 자신에게 전달해 주는 내용이 서로 다르다. A는 B가 자신에게 먼저 시비를 걸었다고 말하고, B는 A가 먼저 화나게 했다고 주장한다. 문제를 해결하려면 진짜 원인이 무엇인지 알아야 하는데 도저히 알아낼 방법이 없다. A, B 중 한 명이 거짓말을 하는 것 같지만 누가 범인인지 확신할 수 없다. CCTV라도 있었으면 좋았을 텐데 그런 게 있을 리 만무하다. 문제는 점점 미궁 속으로 빠진다.

이런 상황에서 누가 진짜 원인인지 알아내는 게 과연 중요할까? 기계론적 관점의 문제는 모든 사건에는 반드시 '변하지 않는 진짜 원인'이 있고 그 원인을 알아야 문제를 해결할 수 있다고 믿는다는 점이다. 이러한 특성은 자연현상을 밝혀내거나 기계를 고치는 일, 구체적인 업무 수행 면에선 월등한 성과를 내지만, 어디까지가 원인이고 결과인지 명확히 정의내리기 힘든 대인관계의 문제에선 많은 부작용을 만들어 낸다.

이 문제는 목적론적 관점으로 해결하는 게 더 좋을 수 있다. 목적론은 그 문제와 결과가 어떤 목적에서 발생했는가, 어떤 의미를 가지는가가 더 중요하다. A와 B가 서로 다툴 때 누가 먼저 원인을 제공했느냐보다, 이 두 사람이 현재 무슨 목적 때문에 싸우고 있는지가 훨씬 중요하다는 뜻이다. 만약 싸우고 있는 이 두 사람이 연인이라면 서로의 사랑을 유지하기 위해 싸우는지, 이제 그만 헤어지고 싶어 싸우는지, 그 목적에 따라 원인과 결과가 변하게 된다. 그래서 이 두 사람에게 지금 왜 싸우고 있냐고 물어봤을 때 "상대가 먼저 나에게 나쁜 말을 해서 싸웠다"라고 대답을 들으면, "누가 원인 제공 했는지를 묻는 게 아니라, 이렇게 싸우는 게 너희에게 어떤 의미가 있냐는 뜻이야. 지금 너희는 무엇을 '위해' 싸우는 거야?"라고, 즉 싸우는 목적을 다시 물어볼 수 있다. 이런 목적의 관점에서 갈등을 바라보면 누가 먼저 때렸고 누가 먼저 욕을 했는지 같은, 그런 표면적인 다툼 밑에 숨어 있는 보다 본질적인 내용이 드러난다. "나는 상대랑 계속 만나고 싶은데 지금 이 부분에 대해서 서로 얘기하지 않으면 얼마 안 가 헤어질까 봐 싸웠다" 와 같은 진짜 속내가 드러난다.

이런 목적과 의미에 관련된 얘기들은 갈등 상황에 놓인 서로의 진심을 알게 하고 자신들이 왜 다투고 있는지 상기시킴으로써 넘지 말아야 할 선을 인지시킨다. 더 사랑하기 위해서 싸우다가 더 이상 사랑하기 어렵게 만드는 행동이 나오는 걸 막는다. 만약 기계론처럼 원인과 결과의 인과관계에만 매몰돼 있다면 누가 먼저 욕했는지, 누가 먼저 실망하게 했는지 같은 사실관계가 훨씬 중요했을 것이다.

"나는 왜 사는가?"와 같은 삶에 대한 질문에도 이런 사고관이 크게 영향을 미친다. "태어났으니까 산다"라고 한다면 단순히 사건의 원인과 결과를 기술한 기계론적인 근대 과학적 사고관, "사랑하는 사람을 위해 산다"와 같이 목적을 염두에 둔다면 목적론적 사고관이다. 삶에 의미를 부여할 때도 목적론적 사고관이 큰 도움이 된다.

그렇다고 목적론이 능사는 아니다. 이 관점만으로 모든 문제를 해결하려 하면 문제가 될 수 있다. 컴퓨터가 고장 나서 진짜 근본적인 원인을 찾아야 하는데, 이 문제가 어떤 목적이 있는지 찾는 건 상당히 우스운 일이기 때문이다. 유니트 체어가 특정 진료실에서만 자주 고장 난다면 왜하필 거기서만 고장 나는지 진짜 원인을 찾기 위해 노력해야 한다. 물론 해당 문제나 시련이 자신에게 어떤 목적에서 주어졌고 어떤 의미를 가지는지 생각하는 건 장기적으로 훌륭한 성장 기제가 된다. 그렇지만 단순히 근본적인 원인 파악이 귀찮다는 이유만으로 습관적으로 목적론적 사고방식을 갖다 쓴다면 자신도 모르는 사이에 수많은 고통에 노출될 수있다.

넷플릭스 드라마 〈오징어 게임〉의 등장인물 중에서 게임을 하기 전에 계속 기도하는 사람이 나온다. 기도를 통해 이 시련이 어떤 목적에서 자신에게 주어졌는지, 어떤 의미를 포함하는지 상기하며 절대자에게 심리적 도움을 요청하는 것까진 좋다. 그러나 기도했으니 문제가 알아서 해결될 것이라는 안일한 생각은 위험하다.

직원들과의 관계 문제나 내부 교육적인 문제에 관해서는 기계론과 목적론적인 판단을 모두 요구할 때가 많다. 특히 입사한 지 얼마 안 된 직원들을 보면 대부분 나름대로 잘하고 싶어서 실수한다. 하지만 아직 업무 순서나 일의 우선순위 같은 것도 파악이 안 돼 있다 보니 잘하려는 행동이 더 큰 실수로 번지는 게 문제다. 이때 리더가 그 직원이 왜 실수했는지 원인과 결과로만 판단하면 어떻게 될까? 실수가 일어난 이유를 단순히 그 직원이 "조심하지 않아서", "가르쳐 준 대로 하지 않아서"라고 생각하고 이런 내용으로만 피드백을 해주면 해당 직원의 열정과 동기를 꺾어버릴 수 있다. 열심히 하려는 태도가 오히려 문제를 키운다는 인식이 강해지면 적당히 시키는 만큼만 하려는 수동적 태도로 변화하기 때문이다. 눈에 보이지 않는 소중한 자원을 잃는 셈이다.

이때 목적론적 사고방식도 함께 가동하면 그 직원이 자기 딴에는 열심히 하려는 목적이 있었다는 걸 이해할 수 있고, 그에 따라 기계론과 목적론의 두 가지 관점에 대한 종합적 판단을 통해 훨씬 입체적인 피드백이 가능해진다.

관점을 선택할 수 있는 리더

치과에서 일하면 수없이 많은 문제와 마주친다. 자신의 직위에 따라 조금씩 차이는 있겠지만 일반적으로 매출 문제, 직원들 간의 관계 문제, 구인 문제, 환자와 소통 문제, 내부 교육 문제, 거래처 문제 등등 온갖 문제들이 도사리고 있는 곳이 치과라는 장소다. 치과에 근무하는 리더들은 매 순간 어떤 관점으로 이런 문제들을 해결할지 선택해야 한다.

모든 문제 상황에는 그 맥락에 따라 문제해결을 위해 어울리는 관점이 있다. 어떤 때는 궁극의 원인을 찾아야 할 때가 있고, 어떤 때는 문제가 갖는 목적과 의미를 상기시켜야 할 때가 있다. 판단을 위해 원인과 결과에만 매달리거나, 혹은 목적과 의미로만 모든 걸 결정하는 사람은 다양한 상황에 어울리는 적절한 결론을 내릴 수 없다. 자신이 그 상황에 맞는 판단을 하는 게 아니라 자신의 판단 방식에 잘 맞는 상황들이 본인한테

와줘야 한다. 이런 사람들에겐 판단의 성공과 실패가 전적으로 운에 달려있다. 좋은 판단을 위해선 운이 작용하는 요소를 최대한 줄여야 한다. 내 판단의 기준이 되는 사고방식의 장단점을 객관적으로 바라봄으로써 상황에 맞게 '선택'할 수 있어야 한다. 우리가 갖고 있는 사고방식 그 자체의 인문학적 의미를 뜯어보는 게 중요한 이유다.

직원의 심리를 꿰뚫어줄 치과용 인문학

마이크로 브러시와 치과 조직의 항상성

많은 사람이 알고 있는 심리학 이론들은 한 개인의 마음 자체를 탐구하는 방식이다. 대표적으로 프로이트의 '정신분석'을 들 수 있다. 정신분석은 인간의 마음을 의식과 무의식으로 구분하고 마음이 불편한 사람이 왜 지금 이런 상태에 놓여있는지를 분석한다. 즉, 문제의 원인이 그 사람의 마음 안에 있다는 개념이다. 19세기말에 창시된 정신분석을 필두로, 이런 식의 마음을 바라보는 시각은 한동안 심리치료의 기본 입장이었다. 그런데 심리치료를 받았던 몇몇 사람 중, 치료받은 사람이 속한 가족 구성원 중 다른 누군가의 마음이 망가지는 현상이 종종 발견되었다고 한다. 이를테면 남편의 정신질환을 치료했더니 아내가 갑자기 정신질환에 걸리는 식이다. 이를 계기로 인간의 마음을 새로운 관점으로 보기 시작했고 곧이어 '가족치료'라는 개념이 등장하게 된다. 가족치료에선 한 개인에게 발생한 마음의 문제를 그 사람의 마음 안에서만 원인을 찾는 게 아니라, 그가 속해있는 가족과의 상호작용 패턴에도 관심을 기울인다. 마치 모빌의 한쪽 구조물을 건드리면 나머지 구조물들도 그 힘의 영향을 받아서 함께 움직이듯이, 가족이라는 공동체는 눈에 보이지 않는 심리적 연결고리로 끈끈하게 엮여 있다고 보기 때문이다. 물론 이전에도 관계에 의해 마음이 영향을 받는다는 건 알고 있었지만, 관계 자체를 구조화하고 이론화한 건 획기적인 아이디어였다.

모빌의 구조물들은 서로 유기적으로 연결 돼 있다

"이미지: Freepik.com"

이 가족치료의 핵심 전제들이 있는데 그중 하나가 '항상성'이다. 항상성은 생명체가 자신의 원래 상태를 유지하려고 하는 경향성을 말한다. 여기서 알 수 있듯이 가족치료 이론은 가족이라는 개념 자체를 하나의 생명체처럼 여긴다. 거의 모든 생명체는 추우면 따뜻한 곳으로 가고 더우면 시원한 곳으로 가려 한다. 또는 외부 환경을 자신의 체온에 맞게 변화시키기도 하는 적극성도 가지고 있다. 이는 자신이 가진 고유한 체온을 유지하려는, 다시 말하면 항상성을 유지하려는 욕구 때문이다.

그렇다고 언제나 항상성을 유지해야 하는 건 아니다. 때론 기존 상태에 변화를 줘 깨뜨려야 할 때도 있다. 날씨가 춥다고 자신의 체온을 유지해 줄 이불 속에만 들어가 있으면 어떻게 될까? 출근 시간인데도 그러고 있다면 말이다. 머지않아 생존에 위협을 느낄 것이다. 항상성은 생명체가 처한 상황과 조건에 따라 어떤 때는 유지하고 어떤 때는 깨뜨려야 한다.

가족과 치과의 공통점

가족을 하나의 단일 생명체로 보면 이 원칙이 그대로 적용된다. 가족 또한 자신의 항상성을 유지하려고 노력하며, 사회에서 생존하기 위해 가족만의 신념과 규칙들을 만든다. 만약 초등학생 자녀를 둔 가정이라면 "자녀는 보호받아야 하는 존재다"라는 가족 신념이 있을 것이다. 그것을 바탕으로 세부적인 규칙이 만들어진다. 이를테면 '7시까지 집에 귀가하기' 같은 것들이다. 이러한 기존의 신념과 규칙을 유지함으로써 가족의 생존을 이어가려는 것을 가족의 항상성이라고 한다. 이 규칙 때문에 자녀는 일찍 귀가하게 되고, 덕분에 아직 판단이 미숙할 수 있는 어린아이의 생존율을 높이면서 가족 구성원의 유지와 평화에 기여한다.

그런데 시기에 따라 이 규칙이 가족의 발목을 잡을 수도 있다. 세월이 흘러 어린아이였던 자녀가 30세 성인이 되었다고 가정해 보자. 출가는 안 한 상태다. 그런데도 부모가 '7시까지 집에 귀가하기'라는 규칙을 유지하고 있다면 어떤가? 30세 자녀와 엄청난 갈등이 시작될 거라는 건 불을 보듯 뻔한 사실이다. 여차하면 집을 나가서 연락이 두절될 수도 있다. 융통성 없이 유지하는 항상성은 되려 가족의 생존을 위협하게 된다. 이럴 땐 가족 스스로 항상성을 깨뜨리고 기존의 신념과 규칙을 새로운 내용으로 개편해야 한다.

이 개념은 치과에도 적용할 수 있다. 치과도 하나의 생명체처럼 항상성을 유지하려 한다. 진료실과 데스크 모두 지켜야 하는 내부 규칙이 있고 각자의 파트에서만 지켜야 하는 업무 규칙이 또 따로 존재한다. 이런 규칙들은 치과의 영리활동과 환자 케어라는 두 가지 주요 목적을 달성하게 해주는 일종의 법률처럼 작용한다. 이 규칙들을 계속 유지하는 상태가 항상성이다.

몇 년 전 치과에서 근무할 당시, 우리 입장에선 다소 생소한 다른 치과의 어떤 규칙을 전해 들은 적이 있다. 그 치과에선 혹시나 재료 개수가 안 맞거나 불량이 있는지 확인하기 위해 재료상으로부터 받은 모든 재료를 낱개로 뜯어서 하나씩 확인하는 규칙이 있다고 했다.

예를 들어 마이크로 브러시(주로 접착제를 묻히기 위해 사용되는 플라스틱 재질의 작은 일회용 재료) 같은 경우 한 통에 보통 100개 정도의 브러시가 들어있고 박스로 구매하면 몇백 개가 된다. 이걸 모두 열어서 다 확인해야 한다는 것이다. 이것뿐만 아니라 글러브, 마스크 등 낱개로 다시 확인할 수 있는 재료들은 전부 뜯어서 일일이 개수를 세야 한다고 들었다. 그쪽 직원 말로는 시간이 상당히 소요된다고 했다. 물론 내가 근무했던 치과와 문화가 다르기 때문에 이것만 가지고 꼭 문제가 있다고 예단할 순 없다. 치과 규모가 작고 오픈 초기에 환자가 많지 않은 상황에선 오히려 좋을 수도 있겠다는 생각이 들었다.

이런 규칙들은 당장은 아니더라도 추후에 문제가 될 소지는 있다. 환자 숫자가 늘어서 이전과 달리 쉴 틈 없이 일할 수밖에 없는 환경인데도 계속 이 규칙을 유지한다면 직원들이 업무 외 시간을 활용해야 할 수도 있기 때문이다. 불량품 하나를 물색하기 위해, 이걸 왜 해야 하는지 모르겠는, 회의감에 찌든 직원을 만들어 내는 게 좋은 판단인지 한번 생각해 볼 필요가 있다는 말이다.

이땐 기존의 규칙을 폐지 혹은 수정할지 판단해야 한다. 단지 "원래 규칙이니까 해야 한다", 혹은 "불량품이 하나라도 발견되면 억울해서 안 된다" 같은, 이 규칙을 만든 리더 자신의 개인적 불안 때문에 항상성을 유지한다면 위험하다. 이러한 태도는 부모가 자신의 불안을 달래기 위해 서른 살 먹은 자녀의 통금을 7시로 제한하는 것과 다를 바 없다.

따라서 우리 치과의 생존에 유리한 규칙은 무엇인지, 필요한 문화는 무엇인지 끊임없이 고민하고 노력해야 한다. 물론 항상성을 깨는 게 두려울 수도 있다. 변화라는 것 자체에 이미 불확실함이 내재해 있기 때문이다. 그러나 확실한 것은, 항상성이 유연하지 않은 조직은 결코 오래 생존할 수 없다는 사실이다.

3

치과 직원들의 갈등 관리하기

데스크 vs 진료실, 왜 우리만 일을 많이 할까?

직원들 사이에서 가장 많이 나오는 불만 중 하나가 "왜 우리만 일을 많이 하느냐"이다. 진료실 직원들은 진료실이 가장 일을 많이 한다고 생각한다. 대부분의 시간을 서서 일하기 때문에 이런 불평이 더 자주 나오는 듯하다. 그들 눈엔 컴퓨터 앞에 앉아 있는 데스크 직원들이 세상 편해 보인다. 오가며 보니까 가끔 핸드폰도 하는 거 같다. 우리는 앉지도 못하고 고생하는데 너무 불합리하게 느껴진다. 울화가 치민다.

데스크 직원들도 불만이 많다. 진료가 끝난 환자는 데스크에서 최종적으로 마무리를 해야 한다. 진료비를 수납하고 다음 내원 날짜를 조율한다. 환자에게 추가로 전달해야 할 주의사항이 있으면 꼼꼼하게 전달한다. 이때 전화라도 오면 미칠 거 같다. 누군가 도와줬으면 좋겠는데 진료실 직원들은 본인들 할 일 끝났다고 얼굴도 안 비친다. 이때 진료 과정에서 불만이 있었던 환자가 데스크 직원에게 온갖 짜증을 부리거나, 혹은 수납해야 할 진료비를 안 주려고 버티는 상황이라도 발생하면 해당 직원이 받는 스트레스가 엄청나게 증가한다. 아까 상담하러 들어간 상담실장은 이미 나올 시간이 지났음에도 코빼기도 안 보인다. 왜 우리만 이렇게 일을 많이 해야 하는지 억울하다. 모든 치과가 이렇진 않겠지만 진료실과 데스크의 이분화된 정도가 강한 치과일수록 뚜렷하게 나타난다.

이런 불만들은 왜 생길까? 정말로 누군가가 일을 더 많이 하기 때문일까? 경우에 따라 그런 경향성이 아예 없는 건 아니겠지만 이 현상에 은폐된 진짜 문제의 본질은 따로 있다. 각자가 생각하는 '일'이라는 정의가 다르기 때문이다. 앞서 설명했던 철학 개념을 다시 떠올려 볼 필요가 있다. 즉, 진료실이 생각하는 일의 본질과 데스크에서 생각하는 일의 본질, 상담 실장이 생각하는 일의 본질이 제각각 다르다는 뜻이다. 진료실 직원이 생각하는 일의 정의 속에는 '육체노동이 포함된 활동'이라는 본질이

들어가 있다. 스스로 잘 의식하진 못하지만, 몸을 쓰는 것이 진짜 일을 하는 거라고 생각한다. 이런 본질을 가진 사람의 눈에 앉아서 일하는 사람이 제대로 일하는 걸로 보일 리가 없다. 반면 데스크 직원이 갖는 일의 정의에는 앉으나 서나 상관없이 '치과와 관련된 모든 정신적 활동'이 본질로 들어가 있다. 또한 의료서비스의 특성상 데스크에서 환자 컴플레인을 더 많이 접하기 때문에 정신적으로 일을 많이 한다고 느낀다. 상담 실장은 환자와 아주 시시콜콜한 얘기를 하는 것도 모두 일의 본질이라 생각한다. 그런 사소한 얘기들로 무드를 잡고 필요한 정보를 캐내야 상담 성공률이 높아지기 때문이다. 이걸 모르는 직원들 눈에는 그냥 일하기 싫어서 노닥거리는 걸로 보인다.

자신이 속한 업무 파트에 따라 달라지는 일에 대한 정의

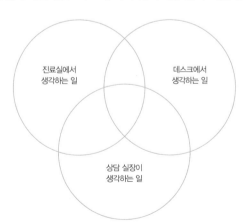

이렇듯 각 업무의 질적인 차이로 인해 그 파트에 속한 구성원들이 갖는 일에 대한 정의가 달라진다. 이때 리더가 형평성을 고려한답시고 그들의 업무량을 기계적으로 분할하면 더 많은 문제가 발생한다. 정량적 접근은 많은 요소를 고려한 후 신중하게 할 필요가 있다. 혹시나 치과의 모든 구성원이 업무량에 대한 형평성이 문제라 생각하고 현재 큰 갈등 사안으로 도마 위에 올랐다면, 실제로 칼을 대기 전에 파트별로 소통해보는 걸 추천한다. 대부분 문제는 각자의 입장을 이해하지 못함으로 인해 발생하기 때문이다.

직장에서 함께 일하는 사람들은 업무 파트마다 자신들이 얻는 이익과 잃게 되는 손실이 서로 상이하다는 걸 이해해야 한다. 원래 소통 시스템이 잘 갖춰진 치과라면 이미 그 구성원들이 서로의 입장을 잘 이해하고 있을 것이다. 내가 몸은 좀 힘들더라도 정신적으로는 덜 힘들 수 있는 이유, 정신적으론 피곤해도 육체적인 노동을 덜 할 수 있는 이유, 이 모든 과정을 총괄하는 실장의 위치가 갖는 의미 등, 서로의 유기적인 관계와 존재 이유를 이해하게 되면 상당수의 불만이 사라진다. 피상적으로, 머리로만 아는 건 한계가 있다. 실장이 실장으로서의 고충을 얘기하고, 진료실이 진료실로서의 고충을 얘기하고, 데스크가 데스크로서의 고충을 사실적으로 서로에게 묘사해야 와 닿는다. 물론 이런 얘기를 꺼내지 않더라도 각자 나름의 고충이 있을 거라고 어렴풋이 인식은 하고 있다. 그러나 그것을 당사자로부터 생생하게 전해 듣는 것은 차원이 다른 문제다. 이런 소통 과정 없이 알아서 이해해 주길 바라는 건 지나친 욕심이다. 불만의 진원지에 소통의 단절이 있다는 얘기다. 나만 일을 많이 한다는 불평이 끊이지 않는 치과는, 실제로 업무 형평성을 갖추지 못해서 문제가 생긴 게 아니라 소통 시스템을 제대로 만들지 못한 것이 근본 원인이다.

개중엔 정말 업무분장이 잘못돼 있거나 의도적으로 태업하는 사람들도 있을 것이다. 그땐 리더가 손을 대서 조정을 할 필요가 있지만 그럼에도 소통 확보가 우선이다. 소통이 안 되는 상황에선 어디까지가 태업이고 어디까지가 잘못된 업무분장인지 구분이 어렵다. 소통이 안 되면 설사 제대로 업무분장을 했더라도 불만이 나온다. 가사 분담을 이유로 부부싸움 하는 가정을 보면 이해가 쉬울 것이다. 만약 경제활동을 주로 하는 양육자와 전업주부로서 아이를 더 많이 케어하는 양육자가 서로에 대한 소통은 없이 가사 분담으로만 싸운다면 어떨까? 가사 분담을 재편성한다 해도 얼마 못 가 또 싸우지 않을까? 경제활동과 양육은 질적으로 달라서 단순히 그 활동에 쏟는 시간, 양적인 비교만으로 누가 더 힘들다고 말하기 어렵다. 이런 경우 꾸준한 소통을 통해 서로의 입장을 이해한 뒤에라야 비로소 만족스러운 결과를 만들어 낼 가능성이 커진다. 마찬가지로 진료실이 더 힘들다거나 데스크가 더 힘들다거나 하는 비교는 소통이 전제되지 않은 상태에선 별 의미가 없다. 일의 종류가 질적으로 다르기 때문이다. 그러므로 파트별 소통 시스템을 먼저 확보해 놓는 게 훨씬 중요하다.

일 잘하는 직원과 일 못하는 직원
(유한계급과 확증편향)

　직원의 정의를 몇 가지 기준으로 나눌 수 있다. 그중에서 가장 고전적으로 사용하는 기준이 '업무능력'이다. 업무능력이 좋은 '일 잘하는 직원(일잘러)'과 업무능력이 낮은 '일 못하는 직원(일못러)'의 이분법이 쉽게 떠오를 거라 생각한다. 모든 조직의 리더는 언제나 일잘러와 일못러들과 함께 일한다. 이런 상황에 놓인 리더들의 고민은 대개 비슷하다. 일못러의 업무능력을 어떻게 하면 일잘러만큼 끌어올릴 수 있는지다. 반드시 일잘러만큼은 아니더라도 적어도 지금보다 나아지면 많은 문제가 해결된다고 생각한다. 그런데 겪어본 사람은 알겠지만 이게 정말 쉽지 않다.

일 잘하는 친구와 비교도 해보고, 비교가 안 좋다고 해서 비교를 안 해도 보고, 다그쳐도 보고, 자신이 아는 온갖 방법을 다 동원해 봐도 요지부동인 경우가 대부분이다. 이 문제를 도대체 어떻게 해야 할까?

이에 대한 해답을 얻기 전에 알아야 할 한 가지 개념이 있다. 미국의 사회학자 소스타인 베블런의 '유한계급' 이론이다.

유한계급이란 많은 부를 바탕으로 육체노동 같은 경제활동에 참여하지 않으면서 자신들의 시간과 돈을 과시적으로 사용하는 사람들을 뜻한다. 과거에는 귀족이 유한계급이었다면 현대에는 재벌과 같은 막대한 부를 이룬 자산가들이 이에 해당한다. '유한(有閑)'이라는 말 자체가 돈이 많고 여유가 있다는 뜻이다. 유한계급은 서민계급과 자신들의 차이를 끊임없이 만들려 한다. 서민들이 알지 못하는 매너를 익히고 새로운 문화를 형성하고 엄두도 내지 못할 재화를 소유함으로써 그들만의 존재감과 삶의 만족을 얻는다.

이 개념은 〈설국열차〉에도 대입이 가능하다. 좋은 음식과 향락을 누릴 수 있는 머리칸이 유한계급, 비루한 처지에 놓인 꼬리칸이 서민계급이다. 유한계급은 기본적으로 서민계급을 무시한다. 월포드나 관리자급 리더가 아닌 일반적인 머리칸 사람들은 아마 꼬리칸을 비웃으며 하찮고 필요 없는 존재들이라 생각할 것이다. 그런데 여기서 생각해 볼 문제가 있다. 머리칸이 행복한 이유가 무엇일까? 자신들이 누릴 수 있는 맛있는 음식 때문일까? 언제든 쾌락을 누릴 수 있는 풍족한 조건 때문일까? 단순히 눈에 보이는 현상만 검토하면 그렇게 생각할 수 있다. 본질적인 이유는 언제나 현상 너머에 존재한다는 걸 감안하지 않는다면 말이다. 사실 그들이 진짜 행복한 이유는 부와 조건이 아니라 그것을 누리지 못하는 수많은 일반 서민계급, 꼬리칸의 존재 덕분이다.

이 전제는 간단하게 유추할 수 있다. 현실성은 없겠지만 만약 모든 사람이 유한계급과 똑같은 수준의 부를 누렸을 때 기존의 유한계급이 여전히 행복할지 생각해 보면 된다. 대한민국의 모든 인구가 부자가 된다면 과연 기존에 부자였던 사람들이 호화스러운 주택, 고급 외제차를 타면서 여전히 만족해할까? 자기 행복을 그들과의 상대적 차이를 통해 확인하던 사람들은 금세 무기력하고 불행해진다. 마찬가지로 머리칸 사람들이 자신들의 조건을 바라보면서 행복해할 수 있는 이유는 그것을 누리지 못하는 꼬리칸 사람들이 있기 때문이다. 꼬리칸과 머리칸의 삶의 수준을 강제로 평등하게 만들어 버리거나 꼬리칸의 존재 자체를 없애버리면 머리칸 사람들의 상당수가 무기력하고 불행해진다는 뜻이다. 또한 남은 사람들끼리 서로가 서로의 차이점을 어떻게든 만들어서 우월한 사람과 열등한 사람을 새로운 기준으로 재편성할 가능성이 매우 높다. 이러한 변화는 또 다른 문제를 발생시킨다.

일 잘하는 유한계급, 일 못하는 서민계급

치과에서 일 잘하는 직원을 유한계급, 일 못하는 직원을 서민계급이라 가정해 보자. 일잘러는 언제 행복할까? 일 자체로부터 자신의 존재감을 확인하고 무기력을 극복하는 심리적 근거가 어디에서 나올까? 바로 일 못러와의 비교를 통해서다. 순간적인 센스, 잘 잊어버리지 않는 기억력, 미세한 차이까지 지각하는 섬세한 인식능력, 이 모든 것들이 빛을 발하기 위해선 자신보다 이런 능력이 부족한 사람이 옆에 있어야 한다. 일못러가 실수하고 문제 상황을 만들 때마다 잊고 있던 자신의 정체성을 자각하기 때문이다. 이런 욕구는 뚜렷하게 의식되지 않으므로 상당수의 일잘러는 일못러의 존재 이유를 모른다. 그래서 일못러를 항상 못마땅하게 여기지만 막상 일못러가 사라지면 가장 큰 피해를 보는 게 바로 일잘러

자신이다.

퇴사 권고를 하든, 퇴사할 수밖에 없는 상황을 만들든, 일못러를 회사에서 내보내면 일잘러의 의욕이 점점 꺾인다. 함께 일하는 사람들끼리 업무능력에서 차이가 별로 안 난다는 건, 다르게 해석하면 자신의 능력이 주목받지 못한다는 것과 같은 말이다. 일잘러 중에서도 "일을 잘한다"라는 이미지가 자신의 자존감에 큰 부분을 차지하는 사람일수록 더 큰 타격을 입는다. 이런 사람은 일못러가 사라지면서부터 서서히 무기력에 잠식당한다. 일이 재미없고 따분해진다. 왜 옛날만큼 일할 맛이 안 나는지 도무지 알 수가 없어서 아무 이유나 갖다 붙인다. 배울 게 더 이상 없어서, 일이 나와 안 맞아서, 페이가 불만족스러워서 등등... 이런저런 핑계로 퇴사 얘기를 꺼낸다. 그는 단지 매너리즘 때문이라 믿으며 새로운 직장을 찾아 나선다. 결국 해당 치과의 리더는 또다시 구인이라는 힘겨운 사투를 벌이게 된다.

물론 모든 일잘러가 이런 패턴을 보이는 건 아니다. 일에 대한 목적의식이 돈 보다는 자신의 성장, 커리어에 집중돼 있는 일잘러라면 일못러의 존재 유무가 그의 마음을 크게 흔들지 못한다. 이들은 자기 자신과 비교하면서 일하기 때문이다. 모든 인간은 누군가와 비교하면서 살아간다. 상대보다 내가 더 낫다는 이런 비교적 우위를 통해 우월감을 느끼고 싶어 한다. 이러한 우월감을 못 느끼면 금세 무기력과 권태에 휩싸이게 된다. 성장 욕구가 강한 직원에겐 그 우월감의 비교 대상이 자기 자신이라는 점만 다를 뿐이다.

반면에 정해진 일만 원하거나 도전하는 걸 꺼리는 일잘러는 자신과 자신을 비교하기가 어렵다. 자신이 얼마만큼 성장했는지에 대한 수치화가 불가능하기 때문이다. 도전을 통해 가시적인 목표와 성장 방향이 설정되어야 1년 전의 나, 1개월 전의 나, 그리고 어제의 나와 지금의 나를 비교할 수 있다. 그런데 이런 목표 의식이 없으면 자연히 자기 자신이 아닌 타인과 비교하게 된다. 새로 배우는 영역이 없거나, 설사 그런 게 있다 하더라도 스스로 원해서 하는 게 아니라 타의에 의해 배우는 거라면 자신의 성장이라고 받아들이지 않는다. 그래서 과거의 자신과 지금의 자신 사이에 유의미한 차이가 있다고 생각하기 어렵다. 성장하지 않는 일잘러에게 일못러와의 비교가 커다란 의미를 줄 수밖에 없는 이유다. 과거의 자신과 현재의 자신은 별 차이 없지만, 저 일 못하는 사람과 나의 차이는 너무도 명백하지 않은가. 함께 존재하는 것만으로도 우월감이 샘솟는다.

현재 치과계뿐만 아니라 시대 분위기 자체가 정해진 시간 동안 받은 만큼만 일하자는 분위기다. 이런 상황에선 성장 욕구가 강한 직원을 만나기가 쉽지 않다. 그런 직원들로만 회사를 꾸린다는 건 꿈에서나 가능한 일이다. 리더 입장에선 이들이 귀할 수밖에 없지만, 그렇다고 돈을 위해서만 일하는 직원들을 편협하게 대해서도 안 된다. 그들 또한 삶이라는 투쟁에서 고군분투 중이며 일해야 할, 살아야 할 의미를 찾기 위해 방황하고 있다. 누구에게나 삶은 어렵다.

리더는 이런 인본주의적인 관점을 한 편에 간직하고 있을 필요가 있다. 그렇지만 매몰돼선 안 된다. 하나의 시각으로만 현상을 바라본다면 언젠가 큰 대가를 치를 수밖에 없다. 조직을 이끌어야 한다는 목적의식과, 다양한 서사를 가진 개인들이 함께 일한다는 사실을 잊지 않은 채로, 인간의 본성을 적절히 활용만 하면 된다는 뜻이다. 리더는 성장 욕구가 없는 일잘러와 업무 능률이 낮은 일못러가 치과라는 공간에서 함께 공생할 수 있도록 조율만 잘하면 된다. 지금까지의 맥락으로 보면 이러한 판단이 박애 정신에 입각한 것이 아니라는 데에 동의 할 거라 생각한다. 일잘러와 일못러, 이 두 사람은 서로가 서로를 존재하게 하는 이유다. 정말 심각한 의료사고를 빈번하게 발생시키는 경우를 제외하고는, 일못러를 단지 일못러라고 내보내는 행위는 또 다른 문제를 만들 수 있으므로 주의해야 한다.

이들의 공생을 위해 내가 취했던 구체적 행동 방침은 총 다섯 가지로 분류된다.

1. 일못러가 잘한 내용이 있으면 일잘러가 들을 수 있게 일부러 정보를 흘린다

인간의 인지 편향 중 '확증편향'이라는 개념이 있다. 자신이 원래 믿고 있는 생각을 확고히 해줄 내용만 선별해서 인식하는 버릇이다. 흔하게 볼 수 있는 예가 정치적 견해와 관련된 믿음이다. 보수주의자와 진보주의자는 자신이 지지하는 정당의 입장만을 믿고 그 입장이 타당하다는 것을 증명해 주는 근거들만 선별적으로 찾아낸다. 분명 반대증거들이 많아도 외면한다. 마찬가지로 한 번 일못러로 낙인찍히면 잘한 일이 있어도 묻히고, 잘못한 일만 다른 사람들에게 인식되는 신기한 현상이 일어난다. 그 사람들의 인격에 문제가 있는 게 아니라 인간이 가진 원래 인식패턴 자체가 그렇게 생겨먹었다는 점에 유의하자. 여기서 리더가 다른 직원들과 똑같이 확증편향에 빠져있으면 곤란하다. 리더는 일못러가 가진 장점과 업적을 유심히 관찰해야 한다. 현미경처럼 들여다보지 않으면 인지 왜곡으로 인해 너무 흐릿해서 볼 수 없다. 만약 어떻게든 찾아냈다면 이 부분을 별거 아닌 대화처럼 위장하고 조금씩 흘린다. 약간의 과장도 좋다. 일못러가 특정 환자를 진료했는데 만약 별문제 없이 잘 마무리됐다면 일잘러가 낀 삼삼오오 모인 자리에서 "오전에 그 환자 케어하기 쉽지 않아 보이던데 누가 전담했어?" 이런 식으로 조금의 기만을 섞어서 대화의 포문을 연다. 일못러가 케어한 그 환자가 실제로 대하기 쉬웠는지 어려웠는지의 사실관계는 중요하지 않다. 이 말의 목적이 더 중요하다.

2. 일잘러가 일못러에 대해 하는 말의 반 정도만 믿는다

확증편향 덕에 일잘러의 눈에는 일못러의 부족한 모습만 포착된다. 심지어 일못러의 실수를 과장해서 표현하는 경우도 허다하다. 리더는 일잘러가 일못러에 대해 하는 말을 순수하게 다 믿어선 안 된다. 그 안에 왜곡된 맥락이나, 과장된 내용이 분명히 존재할 것이기 때문이다. 만약 그 말을 리더가 100% 믿고 똑같이 동조하면 이제부터 일잘러의 페이스에 말려들어 간다. 그렇다고 일잘러가 거짓말을 한다는 게 아니라, 실제로 일잘러는 그런 관점으로 바라봤다는 뜻이다. 이는 인간의 인식 자체가 지닌 한계라고 보면 된다. 똑같은 현상을 목격하더라도 자신이 가진 관점에 따라 다르게 해석할 수밖에 없다. 역사만 봐도 그렇지 않은가. 각자가 속한 정치적 입장에 따라 역사적 사실을 전혀 다르게 기술하는 모습은 우리 주변에서도 흔하게 목격된다. 리더는 인간이 가진 이러한 인식의 특성을 알고만 있으면 된다.

3. 일못러에 대한 일잘러의 오해를 바로잡는다

일잘러가 일못러에 대해 한탄하는 내용 중에서 일못러가 그렇게 행동했을 만한 이유를 유추해 보고, 그 추론 내용에서 합리적인 맥락이 만들어지면 일잘러에게 얘기해준다. "이런 이유 때문에 그렇게 행동한 거 아닐까?"라는 다른 관점의 입장도 들려준다. 일잘러의 입장에선 일못러가 왜 그렇게 행동했을지 곰곰이 생각하기보단 빠르게 단정 짓고 분노를 표출하는 경우가 많다. 내가 일반 스태프로 근무했었을 당시에 업무능력이 조금 뒤처지는 신입이 한 명 입사했었다. 어느 날 그 신입이 가르침 받은 대로 하지 않는 걸 보고 그 친구를 가르치던 교육자(나보다는 후배였음)가 나에게 와서 하소연한 일이 있었다. 몇 번을 가르쳐줘도 말을 안 듣는다며 분노를 표출했다. 그래서 그 친구가 도대체 어떤 방식으로 하고 있었는지 들어봤더니, 사실은 그 친구에게 얼마 전에 내가 가르쳐준 꿀팁이었던 것이다. 이런 상황이라면 일못러 친구가 했던 방식이 문제라고 볼 수 없다. 내가 그 친구에게 가르쳐준 내용을 담당 교육자에게 전달하지 않은 게 잘못이라는 논리가 더 합당하다. 그때 이런 부분에 대한 사실관계를 전달하고 오해를 풀어줬던 기억이 있다. 만약 일을 못하는 후배가 아니라 일을 잘하는 후배가 자신이 가르쳐 준 대로 하지 않았다면, 담당 교육자도 그렇게까지 광분하지 않고 왜 그렇게 행동했는지 여유 있게 물어봤을 게 틀림없다. 처음부터 화난 얼굴로 "너 왜 내가 가르쳐준 대로 안 해!?"라고 일못러에게 물어보면 그 친구가 뭐라고 대답하겠는가? 평소에 쥐 잡듯이 잡혀 있었다면 무서워서 죄송하다는 말만 연발할 가능성이 높다. 혹여나 다른 선배가 알려준 방식이라고 솔직히 말하더라도 이미 화난 입장을 드러내 보인 사람 입장에선 자신의 태도를 갑자기 거두는 게 쉽진 않을 것이다. 일잘러가 처해 있는 인식의 편향을 풀어주는 건 결국 리더의 역할이다. 전후 사정을 다 파악하기도 전에 그의 말만 듣고 같이 길길이 날뛰고 있으면 매우 곤란하다.

4. 전략적으로 일잘러의 편도 들어준다

균형을 맞춘다는 명분으로 일못러의 입장만 너무 편들면 위험하다. 때로는 일잘러의 입장을 공감하고 함께 뒷담화에 참여해야 내 진의를 의심하지 않는다. 여기서 핵심은 전략적으로 동조해 줘야 한다는 점이다. 심각하게 거들지 않고 청취와 공감 위주로 임한다. 일잘러가 일못러를 굳이 뒤에서 언급하며 험담하는 심리 중 하나는, 일을 잘하는 자신의 이미지를 재확인하고 싶은 인정 욕구 때문이다. 그 욕구를 리더가 계속 외면해버리면 또 다른 문제가 발생한다.

이때 목적론적 사고방식을 가동하면 어떤 입장을 취해야 할지 어느 정도 파악할 수 있다. 만약 일잘러가 기존의 대화 흐름과 상관없이 갑자기 일못러로 대화 주제를 옮겨가거나, 일못러의 잘못을 얘기하면서 자신이라면 일못러의 상황에서 어떤 식으로 판단했을지 구체적으로 나열한다면, 거의 웬만하면 인정욕구가 발동한 상태다. 한마디로 이 상황에서의 핵심은 "나의 우월성을 인정받고 싶다"는 일잘러의 욕구를 해소해 주면 된다는 뜻이다. 그게 주목적인 경우엔 굳이 일못러를 무한정 함께 욕할 필요가 없다. 시작은 일못러로 했지만 다른 대화 주제에서도 얼마든지 그의 인정욕구를 채워줄 수 있기 때문이다. 이때 적절한 칭찬과 공감을 해주면 좋다. 우월성을 확인받고 싶어 하는 건 인간의 근원적인 욕구기 때문에 너무 외면하지 말고 적당한 수준에서 충족시켜줘야 한다.

5. 사랑과 처벌 중 익숙하지 않은 피드백을 준다

인간이 긍정적인 방향으로 성장하려면 사랑과 처벌이 동시에 필요하다. 사랑만 받으면 자신의 욕구를 절제하기 어려운 안하무인이 되고 처벌만 너무 받으면 주눅 들어서 수동적인 사람이 된다. 일잘러는 치과 내에서 사랑을 많이 받는다. 회사에서 일을 잘한다는 건 아주 큰 장점이기 때문에 당연한 결과라고 볼 수 있다. 성과에 대한 물질적 보상을 추가로 못 준다면 사랑이라도 넉넉히 주는 게 어쩌면 이치에 합당하다. 그러나 사랑이라는 한 가지 피드백만 주면 문제가 된다. 특히 구인이 어려운 현 치과계에서 사랑만 받은 일잘러는 아주 손쉽게 알파 직원으로 거듭나며, 때문에 자신의 욕구를 절제하기가 어려워진다. 이 조직에서 내가 귀하고 구인이 어렵다는 걸 인지하는 순간 본인도 모르게 자제력이 약해진다. 개인마다 차이는 있겠지만 쉽게 화를 낸다거나, 자주 지각한다거나, 선을 넘는 발언을 한다거나, 특혜를 바라는 등등 여러 가지 행동들이 나타날 수 있다. 반면 일못러는 처벌에 익숙하다. 부정적인 피드백만 받다 보니 자신감이 약하고 실수할까 봐 전전긍긍한다. 위태로운 자아로 근근이 출근하면서 억지로 버티는 경우가 허다하다.

이 두 사람의 성장을 위해 필요한 건 그들에게 익숙하지 않은 피드백이다. 일못러는 사랑이 필요하다. 어차피 잘못한 일은 가만 놔둬도 주변에서 처벌성 피드백을 해준다. 리더는 일못러가 무엇을 잘했는지 유심히 관찰하고 간간이 긍정적인 피드백을 해줘야 한다. 그런 게 정말 안 보인다면 만들어서라도 하는 게 좋다. 일못러에게 칭찬할 내용이 어떤 게 있을 것 같은지 동료들한테 물어보면 대답을 못 하는 경우가 많다. 타인과의 비교를 통해서만 특출난 내용을 찾으려 하기 때문이다. 그러나 사람이 성장할 때 가장 큰 동기부여는 자기 자신과의 비교에서 나온다. 몇 개월 전 일못러와 지금의 일못러를 비교해서 그동안 얼마나 성장했는지 알려주는 게 리더의 몫이다. 주변 동기들보다 뒤처진다 해도 일못러가 그 자신에게만 집중할 수 있도록 관점을 전환시켜줘야 한다. 어차피 주변과의 비교는 자기 스스로도 늘 하고 있으므로 거기다가 한마디 더 얹어봤자 자아에 상처만 줄뿐이다. 그 상처가 아물기 전에 다시 생채기를 내서는 곤란하다.

일잘러에겐 때때로 처벌이 필요하다. 아무리 일잘러라 해도 자신이 하는 일에서 결코 실수가 없을 수 없다. 인간인 이상 미처 파악하지 못한 것들이 존재한다. 리더는 일잘러의 실수나 부족한 모습에 현미경을 갖다대고 봐야 한다. 그렇게 수집한 내용들을 근거로 일잘러에게 너에게도 업무적으로 부족한 모습이 있다는 걸 상기시켜 준다. 무턱대고 혼내라는 말이 아니다. 일잘러가 놓친 부분이 설령 전체 업무 진행 과정에서 큰 지장이 없다 하더라도 일부러 슬쩍 언급하면서 자각시키는 정도만 해도 충분하다. 이런 과정이 몇 번 쌓이면 일잘러가 해당 리더를 좀 불편해할 것이다. 나중에는 그 리더가 하는 말은 내키지 않더라도 가급적 지키려고 한다. 이런 피드백으로 인해 뒤에서 일잘러에게 욕을 먹는다 해도 괜찮다. 일잘러가 좋은 방향으로 성장하도록 돕는 과정이므로 누군가는 욕을 먹는 게 낫다. 나중에 그 일잘러가 인간관계를 보는 시야가 더 넓어지면 그때 자신을 불편하게 했던 그 리더의 진심을 이해하게 될 수도 있다. 설사 영원히 이해하지 못한다 해도 이게 리더의 숙명이므로 어쩔 수 없다.

이와 같은 방식으로 순간순간 이슈들을 넘기고 나면 평화로운 시기가 도래한다. 인간관계의 특성상 영원히 특정한 한 명만을 미워하지 않는다. 일못러 이슈가 지나가면 이제 다 같이 원장을 미워하는 시기가 있고, 관리자를 미워하는 시기가 있고, 새로 온 직원을 미워하는 시기가 있다. 추후에 일못러가 실수를 연발하면 화살이 일못러에게 다시 쏠리면서 살얼음판이 되었다가 다양한 노력으로 또다시 평화가 찾아오는, 이러한 순환 사이클이 형성된다. 이 과정은 영원히 반복될 것이고 이상한 현상이 아니라는 걸 이해해야 한다. 이걸 비정상이라 믿는 사람은 누군가를 없애버림으로써 갈등도 같이 없어질 거라 믿는다. 구인난 전쟁을 스스로 만드는 행위다. 리더는 그 갈등의 시기마다 왜곡된 인식을 풀어주면서 진짜 고쳐야 할 시스템이 있다면 고치고, 특정 개인이 바뀌어야 할 내용은 피드백하면서 그렇게 천천히 성장하면 된다.

퇴사를 막는 소통관리(인간의 세 가지 특성)

치과에 종사하는 리더들을 가장 힘들게 하는 요소가 무엇일까? 매출에 대한 압박? 비용 때문에 발생하는 환자와의 갈등? 대인관계 문제? 여러 가지가 있겠지만 퇴사하는 직원을 메우기 위한 구인 문제가 가장 크지 않을까 생각한다. 이를 증명하듯 치과 구인 사이트엔 하루에도 수십에서 수백 개의 구인 광고가 올라온다. 다행히 사람이 잘 뽑히는 치과라면 퇴사율이 높더라도 어떻게든 유지되겠지만(뽑을 때마다 새로 교육해야 하니 이것도 힘든 일이다) 구인이 안 되는 치과라면 난감한 상황에 부닥칠 수밖에 없다. 이럴 때 해볼 수 있는 게 결국 기존 직원에 대한 복지나 급여를 높이는 방안인데, 물론 좋은 방법이긴 하지만 직원들이 퇴사하는 진짜 본질을 건드리지 않으면 오히려 사내 문화를 붕괴시키는 자충수가 돼버릴 수 있다.

퇴사를 예방하려면, 아주 상투적으로 들리겠지만 소통이 정말 중요하다. 너무 뻔한 말일까? 하지만 이런 누구나 아는 내용들은 다른 관점에서 보면 변하지 않는 진리라는 뜻도 있다. 대부분의 사람은 진리를 모르기 때문에 고통받는 게 아니라 진리를 제대로 실천하지 않아서 고통받는다. 소통이 중요하다는 명제도 너무나 뻔한 만큼 변하지 않는 진리인 것이다.

퇴사를 예방하기 위한 소통은 인간이 가진 세 가지 특성을 알아야 가능하다. 첫째로 인간은 솔직하지 않다는 점이다. 소통 관리가 전혀 안 되는 치과에서 나타나는 현상 중 하나가, 리더들이 직원들로부터 갑작스러운 퇴사 공격을 자주 받는다는 사실이다. 치과 생활에 잘 적응하는 줄로만 알았던 친구가 갑자기 그만두겠다는 얘기를 꺼낸다. 하고 싶은 일이 있다느니, 무슨 공부를 한다느니, 일이 적성에 안 맞는다느니 갖가지 이유를 대면서 사직서를 내민다.

평소에도 일하면서 짬짬이 공부했었거나 제2의 삶을 원래부터 준비한 경우가 아니라면, 사실 직원들이 얘기하는 퇴사 사유의 대부분은 표면적인 내용이다. 몇 년 전 한 언론기관에서 직장인을 대상으로 조사한 내용에 따르면 퇴사할 때 자신의 퇴사 사유를 숨기는 경우가 절반이 넘었다고 한다. 직장 내 대인관계 갈등 때문에 퇴사하는 경우에는 이 비율이 훨씬 높아졌다.

두 번째 특성은 인간은 자기 자신의 욕구에 대해 잘 모르는 경우가 많다는 점이다. 업무가 지루하고 무기력해서 좀 더 신나고 자극적인 삶을 위해 그만두고 싶은 사람이라면, 그런 이유로 퇴사한다고 스스로 인정하기가 어려울 것이다. 그래서 무의식적으로 다른 이유를 만들어 낸다. 그 대표적인 예가 하고 싶은 일이 생겼다는 말이다. 정말 하고 싶은 일이 생긴 경우도 있겠지만 사실 그리 많지 않다. 본인이 하는 지금 업무가 하기 싫기 때문에, 이 일만 아니면 다른 어떤 것도 즐거워 보이는 현상에 빠진 상태다. 연봉에 만족하지 못해 떠난다고 스스로 믿고 있는 경우도, 알고 보면 대인관계 때문이거나 일 자체가 무기력하고 하기 싫은 게 진짜 본질인 경우가 많다. 하지만 자신의 욕구를 잘 들여다보는 사람이 아니라면 진짜 이유가 아니라 무의식적으로 만들어 낸 가짜 이유를 스스로 믿게 된다. 때문에 리더는 표면적인 이유가 덮고 있는 실제 퇴사 이유를 알아내야 한다. 만약 표면적인 이유에만 매몰된 채, 직원들의 퇴사를 예방하는 게 자기 능력 밖이라 믿는 리더라면 앞으로도 수없이 많은 퇴사자를 만나야 할 것이다.

　세 번째는, 인간은 이성적인 이유로 무언가를 시작했다가도 감정적인 이유로 그만둔다는 사실이다. 우리가 일을 시작할 때는 대부분 이성적 판단에 근거한다. 일이 너무 재밌고 하고 싶어 죽겠어서 하는 사람이 과연 몇이나 될까? 압도적으로 많은 사람이 노동임금으로 삶을 영위하겠다는 목적 때문에 일을 시작한다. 그다음 순으로 커리어나 자기 계발 정도가 따라온다. 처음엔 이런 합리적이고 이성적인 판단으로 일을 시작하지만, 그 일을 그만둘 때는 대인관계의 갈등이나 일이 즐겁지 않다는 감정적인 원인이 대부분이다. 감정이 자신에게 퇴사를 종용하면 그때 이성이 퇴사 사유를 그럴듯하게 만들어 준다. 그래서 오랜 기간 심사숙고한 결과로 퇴사하는 경우보다는, 감정이 제대로 풀리지 않아 충동적으로 퇴사하는 사람들이 상당히 많다는 점을 알고 있어야 한다. 일을 그만두고 싶다는 감정적인 충동이, 일을 해야 한다는 이성적인 이유보다 더 강해지면 퇴사로 이어진다. 이때 소통 구조가 잘 만들어져 있는 회사라면 직원의 퇴사 조짐을 미리 파악하고 대처할 수 있다.

직원이 퇴사에 대한 마음이 일어나자마자 "퇴사하고 싶다"라는 말을 할 수 있는 소통 환경이라면 크게 문제 되지 않는다. 이 말을 함으로써 응축된 감정이 배출되고 좀 더 이성적인 판단을 할 수 있는 생각의 여유가 생긴다. 일을 그만두면 어차피 또 다른 곳에 취업해야 한다. 만약 텃세가 심한 곳이라면 대인관계 적응도 어려울 수 있고, 자취를 하는 상황이라면 숙소 문제도 해결해야 하는 등등 감정이 가리고 있던 산적한 문제들이 떠오르기 시작하면서 퇴사 욕구가 빠르게 식는다.

반대로 퇴사하고 싶은 마음이 발생해도 회사 내 리더들에게 얘기할 수 없는 구조라면 문제가 된다. 이런 소통구조에선 "퇴사하고 싶다"가 아니라 "퇴사하겠습니다"라는 말을 바로 듣게 된다. 이미 퇴사를 막을 수 있는 단계들을 다 뛰어넘어 버린 상태다. 만약 퇴사하고 싶은 욕구가 생긴 직원이 사내 리더들에게 얘기를 못 하면 어디에다가 할까? 친구, 연인, 지인 같은, 자기 주변 사람들에게 할 게 뻔하다. 그런데 지금처럼 개인주의가 팽배하고 경험과 쾌락을 중요시하는 사회에서 자신의 소중한 사람이 퇴사하고 싶다고 말할 때, 과연 옛날처럼 참고 인내하라고 조언해 줄 사람이 몇이나 되겠는가. 퇴사에 대한 입장이 더욱 확고해질 수밖에 없다.

여기서 퇴사 욕구가 팽창한 직원이 사내 리더에게 퇴사하고 싶다고 말하는 건 정확히 어떤 의도인지 생각해 볼 필요가 있다. 괴롭히고 협박하려는 걸까? 안 그래도 사람 구하기 힘든데 골탕 좀 먹어 보라고? 그렇지 않다. 사실은 퇴사하기 싫으니 잡아달라는 시그널이다. 지금 일 때문에 스트레스받고 저 인간들 때문에 고통받으니까 내 얘기 좀 들어 달라, 내 감정 좀 다독여 달라는 의미인 것이다. 사람 사이의 대부분의 문제는 얘기를 잘 들어주지 않아서 발생한다. 즉, 문제를 해결해 주는 것보다 들어주는 것이 훨씬 중요하다는 뜻이다. 그렇다고 아예 문제를 방치하면 안 되겠지만 당장 해결해 줄 수 없더라도 우선은 들어주고 공감해 줘야 한다. 이를테면 연인 관계와 비슷하다. 서로 짜증 내고 화를 내면서 상대에게 자신의 감정과 입장을 얘기하는 단계는 아직 헤어지기 싫다는 의미지만, 이미 헤어질 결심을 마친 상태에선 그런 감정을 크게 표현하지 않는 것과 같다. 어차피 이런 말 해 봤자 귀담아듣지 않을 거라 생각하기 때문이다. 의사소통에 문제가 있는 커플과 회사의 공통점이 바로 여기에 있다. 헤어지기 싫다는, 퇴사하기 싫다는 감정적 제스처를 볼 수 없다는 점이다. 마음의 결정이 끝난 상태에서만 대화가 이뤄지는 기형적 의사소통 구조가 만들어 낸 비극이다.

퇴사를 막는 소통관리(채널 구축)

리더는 인간이 갖고 있는 세 가지 특성을 고려한 상태로 구체적인 의사소통 경로를 확보해야 한다. 내가 근무했던 치과에서는 이를 '채널'이라고 표현했었다. 채널이란 리더마다 자신과 소통할 수 있는 직원들에게 주파수를 맞추는 활동이다. 같은 채널에 반드시 같은 업무를 수행하는 사람들만 있을 필요는 없다. 다른 업무 파트 직원들과 채널을 공유하는 경우도 많다.

글로만 전달하면 개념에 혼동이 올 수 있으니 가상의 시나리오와 그림을 통해 한 번 알아보자. 예를 들어 서울 소재의 한 치과의원에 진료실 직원 5명, 데스크 직원 3명이 있다고 설정해 보겠다. 여기서 진료실 직원 A는 진료실 팀장이고 B는 데스크 팀장이다.

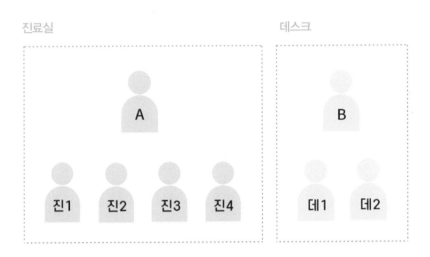

A팀장 밑으로 4명의 진료실 직원, B팀장 밑으로 2명의 데스크 직원이 있다. 이 구조에서 만약 진료실 직원인 '진4'라는 친구의 업무능력이 '진1, 진2, 진3'에 비해 많이 떨어진다면 어떤 일이 생길까? A팀장은 진4를 예뻐하기가 어렵다. 함께 일하면서 직접적인 이해관계에 얽혀 있기 때문에 진4가 하는 실수나 낮은 업무능력이 A의 스트레스로 다가온다. 때문에 A는 진4에게 불편한 피드백을 해줄 가능성이 높다. A의 싱향에 따라 수

위 차이가 크겠지만 어쨌든 좋은 얘기만 해줄 수 있는 관계가 아니라는 건 명백하다. 그래서 진4는 A팀장이 불편하다. A가 아무리 자신에게 잘 해줘도 몇 번 화내거나 눈치를 준 이력 때문에 마음을 다 터놓기가 어렵다. 반면 진4와 비교되는 나머지 진료실 스태프들은 A팀장의 눈엔 훌륭한 직원들처럼 보이며(물론 상대적인 효과도 크다) 따라서 이들끼리 긍정적인 유대감이 형성된다. 만약 A팀장이 리더의 시야가 부족한 사람이라면 진4는 결국 왕따가 된 후 퇴사할 가능성이 높다.

반면 A가 리더의 시야를 갖췄다면 진4가 현재 어떤 생각을 하는지 확인하기 위해 데스크 팀장 B에게 도움을 요청할 것이다. 자신이 진4에게 아무리 잘해줘도 속마음을 다 터놓지 않을 거라는 사실을 알기 때문이다. 팀장 B는 진4와 그동안 좋은 관계를 유지하기 위해 진4에게 쓴소리를 해야 할 것 같으면 언제나 A팀장에게 부탁해서 피드백을 했었다. 진4가 자신에게 마음 터놓고 얘기할 수 있는 관계를 유지하기 위해서다. 그래서 진4에게 해야 할 불편한 얘기는 가급적 B팀장 자신이 아닌 다른 사람이 하도록 유도한다. 만약 A팀장과 B팀장이 윌포드와 길리엄처럼 긴밀히 소통하고 있었다면 이러한 관계 구조를 A팀장이 인지하고 있을 것이다. 따라서 A는 진4와 관련된 이슈를 B에게 전달하면서 소통을 의뢰

한다. 지금처럼 데스크 팀장 B가 진료실 직원 진4에게 최대한 호의를 베풀고 좋은 관계를 유지하려는 상태. 이것이 바로 소통 채널이다. 이 채널을 구축하기 위해 A와 B가 진4에 대한 악마와 천사 역할을 어느 정도는 의도적으로 설정해 놓은 것이다.

이번엔 데스크에서 벌어지는 상황을 그려보자. 데스크 팀장 B도 데스크 직원 '데2' 때문에 고민이 많다. '데1'과 달리 얘기한 내용을 잊어버리기 일쑤고 업무 습득 능력도 비교적 낮기 때문이다. 일의 특성상 팀장 B가 데2한테 불편한 피드백을 계속할 수밖에 없다. 이런 관계에선 B가 노력한다 해도 채널이 닫힐 가능성이 높다. 그래서 본인이 데2에게 크게 질책한 경우엔 진료실 팀장 A에게 데2에 대한 깊은 소통을 의뢰한다. 마찬가지로 A팀장이 이런 관계 역학을 이해하고 있다면 데2와 평소에 채널을 구축해 놓았을 것이다.

여기서 만약 데2가 팀장 A와 B를 포함한 그 누구와도 채널 형성이 안 돼 있다면 굉장히 위험해진다. 소통경로가 막혀 있기 때문에 겉으론 괜찮은 척하면서 속으론 퇴사계획을 구체적으로 그리고 있을 가능성이 높다. 크게 질책했던 당사자인 팀장 B가 어떻게 수습해 보려 해도 쉽지 않다. 서로의 관계 구조상 속마음을 다 말하기 어렵기 때문이다. 이런 상황이 몇 번 누적되면 퇴사 욕구가 이성적 당위를 압도해 버린다. 이때 데2가 퇴사 사유를 뭐라고 할까? 과연 B팀장 때문이라고 솔직하게 말하고 떠날까?

채널이 갖는 의미

다행히 상황이 극단으로 흐르지 않았다면, 다시 말해 채널 형성이 잘 돼 있다는 전제하에 이를 도식화하면 다음과 같은 구조를 띤다.

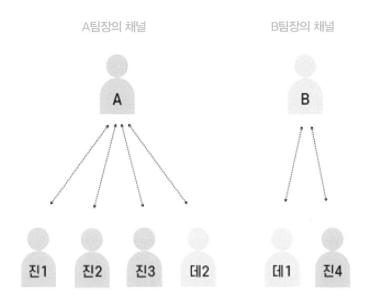

진료실 직원이라고 반드시 진료실 리더가 케어해야 하는 게 아니다. 같은 논리로 데스크 직원이라고 해서 반드시 데스크 리더가 소통해야 하는 것도 아니다. 사람들이 모이는 하나의 집단은 유기적인 특성을 갖는다. 진료실과 데스크가 업무적으로, 공간적으로 구분돼 있다고는 하나, 같은 목표와 비전을 공유한 공동체라는 점에서 서로에게 긴밀히 영향을 줄 수밖에 없다. 물론 실무적인 소통은 각자의 소속 파트 내에서 대부분 이뤄지겠지만 인간적 소통은 업무분장의 테두리를 넘어설 수 있다.

이 개념에서 유의해야 할 점은 한번 설정된 소통 채널이 계속 유지되는 건 아니라는 사실이다. 인간관계는 주기적으로 변한다. 진료실 팀장 A를 미워했던 진4 직원도 시간이 지나면서 오히려 그의 리더십을 이해하고 진짜 심복이 되기도 한다. 평소에 A를 존경했던 다른 진료실 직원 1, 2, 3중에 누구라도 특정 사건을 계기로 A를 미워할 수 있다. 중요한 건 스태프들끼리 서로 미워하고 싫어하더라도 갈등의 실타래가 더 이상 손댈 수 없는 매듭이 되기 전에 풀어줄 수만 있으면 된다. 그것을 푸는 장소가 채널이고 자기 손으로 직접 푸는 존재가 리더다. 때문에 리더는 직원들 사이에서 오가는 대화의 흐름을 잘 파악하고 있어야 한다. 특히 직원들이 누군가를 흉볼 때, 시쳇말로 뒷담화할 때가 여론을 가장 잘 읽을 수 있는 최적의 상황이다. 이때 어떤 얘기가 오가는지 파악해서 유대감과 적대감의 사이클을 가늠하고 이를 바탕으로 채널을 적절히 개편할 수 있다.

만약 A팀장과 B팀장 사이에 소통이 전혀 없고 심지어 서로 싫어하는 상태에서 아까와 같은 시나리오가 흘러간다면 어떻게 될까? 그러니까 진료실 팀장 A에게 혼난 진료실 직원 진4를 달래주기 위해 데스크 팀장 B가 밥을 사준다면? 그대로 파벌 싸움 시작이다. A입장에선 자신에 대해 험담하는 모습이 저절로 그려지면서 울화통이 치민다. 이런 관계에서라면 A는 B가 진료실 직원들과 인간적으로 소통하는 꼴을 볼 수 없다. 물론 그 반대도 마찬가지다. 그들은 이것을 월권, 혹은 도전의 징후로 받아들인다. 이는 단순히 인간관계의 갈등에서 끝나는 게 아니라 직원들의 무분별한 퇴사와 업무 만족도 저하로까지 이어진다. 좀 더 확대하면 환자 만족도에도 악영향을 끼친다. 즉, 각 업무영역의 수장들이 소통관리에 대한 개념이 없다는 건 그 피해를 오롯이 치과 전체가 입는다는 말과 같다는 뜻이다. 윌포드와 길리엄이 서로를 진심으로 미워하고 헤치려 했다면 설국열차가 그렇게 오랜 기간 유지될 수 없었다는 점을 상기해야 한다.

뒷담화를 해야 할까? 말아야 할까?

살면서 뒷담화를 한 번도 안 해본 사람은 없다. "난 뒷담화 같은 거 안 해, 뒷담화하는 사람들을 이해할 수가 없어"라고 말하는 것도 사실은 뒷담화하는 사람을 뒷담화하는 행동이다. 뒷담화라는 단어를 네이버 사전에서 찾아보면 '남을 헐뜯는 행위, 또는 그러한 말'이라고 나온다. 정의에서부터 이미 정의롭지 못하다. 이런 부도덕한 행동은 인간관계를 혼란스럽게 만든다. 내가 잘 알지 못하는 사람도, 누군가의 뒷담화를 통해 그의 인격적 결함을 전해 듣게 되면 나도 모르게 색안경을 끼고 보게 된다. 중립을 지키려 해도 쉽지 않다. 그 내용의 사실 여부를 알 수 없음에도 마찬가지다. 모든 인간은 객관이 아닌 주관적 세상을 살아간다. 자신만의 관점으로 대상을 바라보고 평가한다. 때문에 뒷담화하는 사람의 주관적 시선에 비친 그 뒷담화 대상이, 내 눈엔 전혀 다른 사람일 가능성이 높다. 이러한 사실을 자각해도 뒷담화로 이미 넝마가 된 그의 이미지는 쉽게 회복되기 어렵다.

뒷담화는 뒷담화를 당하는 그 대상만 망가뜨리지 않는다. 뒷담화를 하는 사람도 뒷담화를 통해 무너질 수 있다. 이 사람 저 사람 오가며 뒷담화 운동을 선도하는 사람은 언젠가 그 화살이 자신에게 돌아오고 파멸하기 일쑤다.

그렇다고 뒷담화가 꼭 나쁘기만 한 건 아니다. 분명 순기능도 있다. 유발 하라리의 『사피엔스』에서는 뒷담화 능력이 인간이 다른 종들과 차별화될 만큼의 대규모 집단을 형성하는 데 도움을 줬다고 해석한다. 뒷담화를 통해 누가 믿을 만한 사람이고 그렇지 못한 사람인지 판별하는 능력이 중요했다는 얘기다. 또한 과학적 관점에서 봤을 때도 분명한 장점이 있다. 뒷담화에 참여한 사람들 사이에 옥시토신 같은 행복함에 관여하는 호르몬이 분비되면서 좋은 감정을 교류하게 도와준다는 점이다. 그래서 뒷담화 욕구가 솟구치는 사람에게 도덕적인 잣대를 이유로 그 욕구를 너무 안 받아주면 유대감에 문제가 생길 수 있다.

리더는 이 뒷담화의 장단점을 잘 활용해야 한다. 그중에서도 단점을 조심할 필요가 있다. 리더가 나서서 누군가에 대한 뒷담화를 선도하면 위험해지기 때문이다. 리더는 어쩔 수 없이 업무적으로 불편한 피드백을 해야 하는 자리라서 분명히 그 리더에게 안 좋은 마음을 가지고 있는 사람이 있을 것이다. 하지만 그 마음을 숨기고 있는 경우도 많기 때문에 정확하게 알기는 어렵다. 이때 아무나 잡고 그 자리에 없는 사람을 험담했다가 혹시나 뒷담화를 들어준 사람이 자신에게 앙금을 품고 있었던 인물이라면 상황이 미친 듯이 꼬이게 된다. 꼭 나쁜 의도로 얘기한 게 아니라 하더라도 듣는 사람에 따라 얼마든지 왜곡해서 받아들일 수 있기 때문이다.

뒷담화는 매일 갱신하는 최신의 대인관계 평가표

뒤에서 나오는 말은 뒷담화의 대상이 되는 그 당사자에겐 좋은 말 아니면 나쁜 말로만 들린다. 좋지도 나쁘지도 않은, 아무런 가치도 담지 않은 말로 들릴 수가 없다. 좋은 말은 더 좋게, 나쁜 말은 훨씬 더 나쁘게 받아들이게 된다. 누군가가 뒤에서 당신에 대해 칭찬한 내용을 전해 들은 적이 있는가? 아마 앞에서 들었던 칭찬들보다 기분이 몇 배는 좋았을 거라 생각한다. 반면 뒤에서 한 비판은 사소한 내용이라도 엄청난 타격감을 선사한다. 앞에서 들었으면 별일 아니었을 내용인데도, 남들 입방아에 한 번 올랐다는 사실 때문에 불쾌함이 증폭된다. 뒤에서 칭찬할 일이 별로 없다면 험담도 최대한 하지 않는 게 여러모로 신상에 이롭다.

그렇다고 리더가 뒷담화의 단점에만 신경 쓰면 곤란하다. 뒷담화라는 행위 자체를 너무 혐오해서 그런 자리를 회피하다 보면 많은 걸 놓치게 된다. 가장 대표적인 게 대인관계의 흐름이다. 뒷담화 내용은 사람들이 매일 갱신하는 최신의 대인관계 평가표다. 비록 뒷담화가 수많은 오해와 왜곡된 정보를 생산하지만, 그 뒷담화를 하는 사람들이 현재 어떤 욕망과 믿음을 가지길 원하는지 알려주기도 한다. 그 믿음에 따라 정보를 왜곡하기 때문이다. 가령 A라는 직원이 입사한 지 얼마 안 돼서 겉돌고 있다고 가정해 보자. 현재 A를 타겟으로 다른 직원들끼리 무수한 뒷담화가 오가는 상황이다. 이때 A를 유난히 싫어하는 B라는 사람이 우연히 A가 관리자나 혹은 다른 누군가와 웃으면서 얘기하는 걸 봤다면 어떻게 될까? 심지어 업무시간이라면? 뒷담화 소재로 적절히 활용할 수 있을 것이다. 그 관리자가 먼저 말을 걸었든, 아주 잠깐 동안 일 때문에 얘기하고 있는 거였든, 그런 전체 맥락은 별로 중요하지 않다. 20~30초도 안 되는 잠깐 나눈 대화도 얼마든지 '한참 동안' 나눈 대화로 둔갑할 수 있다. 그리고 서로 웃으면서 얘기했으므로 절대 일과 관련된 대화라고 생각하지 않는다. 여기서 사실관계는 중요하지 않다. 뒷담화 소재를 위해 자신이 믿고 싶은 대로 해석하기만 하면 되기 때문이다.

객관적 사실을 주관적 평가로

지금 예시는 B라는 사람의 인격에 대해 비판하는 게 아니다. 어느 한 사람에 대한 무수한 뒷담화가 지속되면 흔히 나타나는 장면을 설명한 내용이다. 아까도 말했듯이 모든 인간은 주관적 세계에서 살아간다. 우리가 '객관'이라고 부르는 걸 자세히 분석해 보면 그 주관적인 내용들의 공통점만을 추출해서 만든 개념이라는 걸 알 수 있다. 이것을 '사실'이라고도 표현한다. A라는 사람에 대해 B와 C와 D가 공통으로 평가하는 항목은 그들에게 '객관적 사실'이 된다. 예를 들어 "A는 눈치가 없다"라는 주관적 평가를 B, C, D가 모두 인정하는 순간 A에 대한 움직일 수 없는 진리, 객관적 사실로 낙인찍힌다. 이런 식으로 A와 A를 험담하는 B, C, D

의 관계 구도가 지속되면 그들만의 왜곡된 객관적 사실이 계속 늘어난다. 개념이 없다, 일을 대충 한다, 노력할 마음이 없는 것 같다 등등.. 어느새 A는 지구에서 가장 쓸모없는 인간이 돼 있다.

주관적 평가가 객관적 사실로 변하는 과정

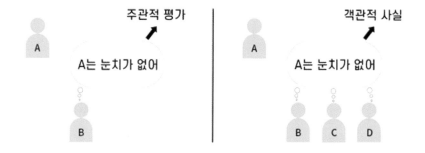

이때 B, C, D의 뒷담화 그룹에, A를 바라보는 다른 관점을 가진 E라는 사람이 끼어들면 얘기가 달라진다. "눈치가 없다"라는 A에 대한 객관적 사실을 E가 동의하지 못함으로써 객관의 성립 조건을 무너뜨릴 수 있다. B, C, D의 입장에선 A에 대해 생각지도 못한 관점을 들음으로써 왜곡된 인식에서 벗어날 수 있는 환풍구가 생기는 것이다. 이 중에서 A를 유난히 싫어하는 B는 꿋꿋하게 자신의 입장을 관철할 가능성이 높지만 나머지 C, D는 생각이 바뀔 여지가 크다. 이 틈을 노려야 한다. "저번에 내가 곤란한 상황이었는데 A가 눈치채고 도와줘서 다행이었다"라는 식으로

에둘러 표현하면 밑바탕에 깔려 있던 "A는 눈치가 없다"라는 전제에 금이 가기 시작한다. 이런 방식으로 B, C, D가 공통으로 공유하던 객관적 사실들을 하나씩 해체하고 나면 이 견고했던 뒷담화 무리가 쾌락의 동력을 잃게 된다. A를 유난히 싫어하는 B의 인식을 바꾸긴 좀 어렵더라도 C와 D는 이전보다 인지적인 편향에서 벗어난 상태로 A를 바라볼 수 있게된다. 이때 A가 C와 D에게 도움 되는 행동을 한두 가지만 하게 되면 A에대한 미담이 나오고 악순환이 끊어진다.

객관적 사실을 다시 주관적 평가로 바꾸는 과정

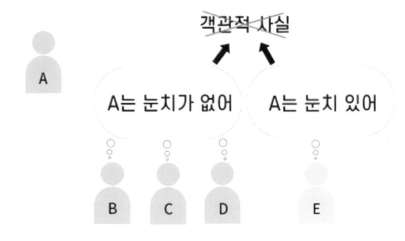

핵심은 그들이 믿고 있는 객관적 사실들을 주관적 평가로 격하시키는것이다. 그렇게 해야 A를 다른 관점에서 볼 수 있는 인식적 여유가 생긴

다. 객관적 사실로 이미 판명 난 명제를 의심하는 건 쉽지 않기 때문이다. "A는 눈치가 없다"라는 평가를 객관적 사실이라고 철저히 믿고 있는 상태에서는 A의 센스있는 행동이 눈에 잘 띄지 않는다. 설령 한두 번 보더라도 무시하거나 우연이라 치부한다.

보고 싶은 대로 보는 인간의 인식 한계

이러한 인간의 인식적 한계는 과학의 역사에서도 잘 나타난다. 과거 지구를 중심으로 하늘이 돈다고 생각했던 '천동설' 시대에는, 하늘에서 일어나는 모든 현상을 "지구를 중심으로 하늘이 돈다"라는 믿음에 끼워 맞췄다. 태양을 중심으로 지구가 도는 '지동설'의 증거가 나와도 무시하거나, 지동설의 현상을 다시 천동설의 증거로 바꿔서 설명하기도 했다. 그중 하나가 행성의 '주전원 운동'이다. 서양의 고대인들은 불완전한 지상의 존재들과 달리 우주에 있는 존재들은 완벽하다 믿었다. 따라서 행성도 완전한 원(circle)운동만 할 것이라 생각했다. 그런데 하늘을 자세히 관찰해보니 행성들이 한 번씩 뒤로 가는 게 아닌가? 이 현상을 설명하기 위해 고대 천문학자 프톨레마이오스가 고안한 개념이 바로 주전원 운동이다. 천동설의 개념대로 지구를 중심에 놓고 다른 행성의 움직임을 그려보면 그냥 원운동을 하는 것이 아니라 제자리에서 작은 원을 그리면서 동시에 큰 원운동을 한다. 이 작은 원이 바로 주전원이다. 이러한 개념 덕분에 지구를 중심에 놓은 천동설이 오랫동안 무너지지 않고 버틸 수 있었다.

지금은 주전원이 잘못된 개념이라는 걸 누구나 안다. 오늘날 대부분의 사람은 지구가 아닌 태양이 행성들의 중심에 있고, 지구는 이 태양을 중심으로 원을 그리며 움직인다고 생각한다. 그러나 "지구는 움직이지 않는다"라는 그 당시의 객관적 사실을 의심할 수 없었던 고대인들은 어떻게든 자신들의 믿음에 관찰 현상을 끼워 맞춰야만 했다. 이후에 피렌체의 위대한 과학자 갈릴레이가 지구가 돈다는 많은 증거들을 확보했음에도 이를 부정하는 사람이 많았다. 이렇듯 인간에겐 자신이 한 번 믿게 된 사실을 의심하기란 결코 쉬운 일이 아니다.

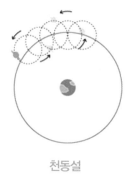

천동설

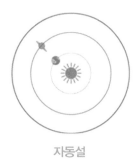

자동설

그렇다면 뒷담화로 다져진 왜곡된 믿음을 깨뜨려 줄 E의 역할은 누가 해야 할까? 당연히 리더가 해야 한다. 그런데 리더가 평소에 B, C, D와 함께 뒷담화에 참여하던 멤버가 아니라면 이런 흐름을 알아챌 수도 없고, 알아챘다고 하더라도 손을 쓸 수도 없다. 기껏 손쓴다고 해봐야 강제로 화해시키려 하거나 억지로 자리를 만들어서 오해를 풀어주려 할 텐데, 이런 행동은 오히려 A에 대한 원망을 키우는 역효과를 만들어 낸다. 평소에 그들과 뒷담화하는 관계를 '전략적으로' 잘 유지해 놓았다면 큰 힘을 들이지 않고도 파악할 수 있다. A가 했던 모든 맘에 안 드는 행동들을 얘기하고 싶어서 나에게 올 거기 때문이다. 여기서 "뒷담화는 하면 안 돼!"하고 너무 도덕적인 모습을 드러내면 앞으로 여론을 알려주지 않을 가능성이 높다.

힘들게 유지했던 소통 채널이 망가지는 순간이다. 그들에게 적당히 편들어 주면서, 오늘 대화에서 부정적인 인식을 깨기 어렵다고 판단하면 다음 대화를 기약할 수도 있다. 아니면 B, C, D 중에서 B를 제외하고(B가 연차를 쓴 날이 제일 좋음) C와 D하고만 따로 소통해서 A에 대한 부정적 인식을 무너뜨리는 전략을 쓰는 것도 한 방법이다. 어쨌든 이런 디테일한 판단을 하려면 그들과 뒷담화 자리에 함께 있어야 가능하다.

뒷담화의 특성 중 하나는, 하면 할수록 사실관계보다 뒷담화에서 나오는 쾌락을 탐닉하는 게 목적이 된다는 점이다. 어느 시점을 넘어서면 그냥 욕을 하기 위해 욕을 하게 된다. 이런 극단으로 치닫기 전에 얼른 손을 써야 한다. 만약 리더로서 그런 얘기를 함께 하기 어려운 처지라면 자신의 심복이라도 그 자리에 포함돼 있어야 한다. 이때 채널이 힘을 발휘한다. 채널을 통해 얻은 정보로 여론을 읽고 중간 리더들과 상의하고, 사안이 심각하면 오너와도 공유하면서 방향을 잡아 나가야 한다. 만약 방관할 경우 무수히 많은 퇴사자가 생기거나 의도치 않게 사내 괴롭힘으로 곤란한 상황에 놓일 수 있다.

뉴페이스 지키기

현재 함께 일하고 있는 직원들의 마음을 살피고, 동시에 그들의 퇴사 욕구가 팽창하기 전에 전략적으로 차단하는 접근은 매우 중요하다. 굳이 강조할 필요도 없을 만큼 모두가 알고 있는 내용이다. 그에 반해 새로 입사한 직원, 뉴페이스가 잘 적응하도록 돕는 데에는 소홀한 경우가 꽤 있다.

아니 정확히는, 기존 직원들의 거취를 너무 중요시하다 보니 상대적으로 신경을 덜 쓰게 된다는 게 맞는 표현인 것 같다. 새로운 직원과 기존 직원 사이에 갈등이 생기면 대부분의 리더들이 기존 직원의 손을 들어주는 현상을 자주 목격할 수 있다. 이런 현상에 수반하는 여러 가지 이유가 있겠지만 당장의 업무효용이 크게 작용할 거라 본다. 처음 입사한 직원이 우리 조직에 스며들려면 우선 일에 적응해야 한다. 다른 치과에서 오래 근무했던 고연차 직원이라 하더라도 치과마다 사용하는 재료, 술식, 멘트, 그 치과만의 콘셉트 등이 다르기 때문에 이런 요소들에 대한 학습 기간이 필요하다. 이 기간이 길어지면 환자가 받게 되는 진료 수준에서 차이가 발생하므로 환자와 치과, 새로 온 직원 모두에게 좋지 않은 결과를 만들어 낸다.

내가 관리자로 근무한 지 몇 년 지났을 때였다. 연차가 꽤 많은 직원이 입사했는데, 치과 한 곳에서 오랫동안 근무했던 사람이었다. 나름 관리직도 겸해봤던 분이라 큰 무리 없이 녹아들 거로 생각했다. 그런데 나의 이런 예상과는 달리 시간이 지나도 우리 치과 시스템에 적응하지 못하는 모습을 보였다. 경력이 이 정도면 치과 생리를 잘 알지 않나? 왜 적응을 못하지? 내 입장에선 잘 이해가 가질 않았다. 이후에 알게 된 거지만 오히려 한 곳에서만 일 해왔던 게 문제였다. 그동안 자신이 일했던 곳의 방식을 계속 고집하려는 태도가 강한 사람이었던 것이다.

인간은 자신이 처음 접한 내용을 진리라고 생각하는 경향이 있다. 독실한 기독교 집안에서 태어난 아이는 어른이 돼서도 진리가 성경에 있다고 믿거나, 무신론 집안에서 태어난 아이는 자라서도 자신의 양육자와 마찬가지로 신을 믿지 않는 경우가 많다. 나는 실제로 신이 존재하는지, 혹은 그렇지 않은지에 대한 증거보다도, 자신이 무엇을 처음에 접했느냐가 그 믿음을 유지하는 데 훨씬 큰 영향을 미친다고 본다. 무신론에 반박할 수 있는 종교적 대답들이 무수히 많음에도 무신론자들은 신을 믿지 않는다. 또한 종교적 대답들에 반박할 수 있는 무신론적 입장이 많이 나와 있지만 오히려 그런 내용들은 기존 종교인들의 믿음만 강화한다. 한마디로 논리나 증거가 그 사람의 진리를 결정하는 게 아니라, 예전부터 믿고 있던 자신의 믿음에 부합하는 내용만을 진리로 받아들인다는 얘기다. 심리학에서 말하는 초두효과[4]와 각인효과[5]가 약간 섞인 느낌이다. 그래서 자신이 갖고 있는 기존의 믿음을 뒤흔드는 정보들에 거부반응을 보인다.

헤르만 헤세의 고전 소설 『데미안』에서 적절한 예시를 볼 수 있다. 절실한 기독교 집안에서 태어난 주인공 싱클레어가, 자신이 어릴 적부터 들어왔던 성경에 대한 내용을 전혀 다르게 해석하는 데미안을 만나면서 큰 충격에 빠지는데, 이때 처음 나오는 반응이 바로 거부반응이다. 물론 모든 사람이 나중에 접한 내용을 영원히 거부하진 않지만 처음 접한 정보가 나중에 접한 정보보다 큰 영향을 주는 건 확실하다.

치과에서도 같은 현상을 볼 수 있다. 대부분 자신이 처음 일한 치과에서 얻은 정보를 진리라 믿는다. 그 치과를 오래 다니면 다닐수록 그곳에서 접한 지식과 충돌하는 내용은 잘 받아들이지 못한다. 그래서 다른 치과에 이직하면 가장 많이 하는 말이 "왜 이렇게 하는 거예요?"다. 이 질문에는 두 가지 뜻이 있는데, 하나는 정말 생소한 개념이라 몰라서 되묻는 의도가 있다. 말 그대로 언어와 내용이 일치하는 표현이다. 중요한 건 두 번째 의미다. "이렇게 하면 안 되는데 이 치과에서는 왜 잘못된 방식으로 하고 있나?"라는 의도로 왜 이렇게 하냐고 묻는다. 기존 직원들과 새로 입사한 직원 간의 마찰이 여기서 자주 발생한다.

진료에 별 영향을 안 주는 사소한 내용이거나, 서로가 '인정할 수 있는' 사실관계의 문제에서 비롯된 부분이라면 어렵지 않게 넘어갈 수 있다.

실제로 내가 다른 일로 잠깐 방문했던 어떤 치과에서 겪었던 일인데, 그 치과에서는 A라는 시술에 B라는 재료를 사용해서 접착하고 있었다. 그런데 그 B를 사용하면 접착을 오히려 방해한다는 연구 결과가 있어서 C라는 재료가 이미 예전에 출시된 상황이었다. 나는 다른 일로 잠깐 방문한 외부인이라 말하기가 망설여졌다. 그렇게 계속 고민하다가 비교적 친분이 있는 그 치과의 관리자에게 해당 내용을 돌려서 전달했었다. 다행히도 내 말을 들은 그 분이 원장님과 얘기해서 관련 자료를 찾아본 후 C재료로 교체했다.

여기서 내가 이렇게 얘기할 수 있었던 가장 큰 전제는 무엇일까? 연구 결과에 따른 과학적 팩트 덕분일까? 아니다. 더 강력한 이유는 해당 치과가 A시술을 도입한 지 얼마 안 된 상황이었다는 점이다. 만약 이 치과가 A시술에 B재료를 수년 동안 사용하면서 별문제 없었다면 어땠을까? 내 말은 씨알도 안 먹혔을 것이다. A시술에 대한 경험적 데이터가 없었기 때문에 'A시술을 오랫동안 시행해 본 치과'에서 근무하는 내가 하는 말 + 과학적인 근거가 납득으로 이어진 경우다.

치과마다 술식과 재료가 다르듯, 그에 따른 그들만의 경험도 상이하다. 그래서 과학적 연구 결과만 가지고 설득하는 건 굉장히 어렵다. 과학이 언제나 움직일 수 없는 정답을 주는 건 아니다.

인류 역사상 수많은 과학 이론이 뒤집어져 왔고 앞으로도 바뀔 수 있다. 모든 이론이 다 바뀐다는 건 말이 안 되지만 경험에 위반하는 이론들이 생길 수도 있다는 뜻이다. 아이러니하게도 이런 '틀릴 수 있는 가능성'을 항상 내포하고 있기 때문에 과학이 지금처럼 학문의 왕좌에 오를 수 있었다. 과학철학에선 이를 '반증주의'라고 부른다. 어쨌든 과학이 갖는 이런 특성으로 인해 A시술에 B재료를 수년간 사용해도 아무런 문제가 없었던 경험이, B재료를 사용하면 안 좋다는 최신의 연구 동향을 무시할 수 있게 만든다.

새로 입사한 직원 중에 과학이 갖는 철학적 특성과 자신이 이직한 치과의 누적된 경험 데이터를 고려해서 말하는 사람은 거의 없을 가능성이 높다. 반면 자신이 일했던 치과의 진료방식이 옳다고 생각하는 사람은 다수다. 꼭 과학적인, 의학적인 내용만 옳다고 믿는 게 아니다. 환자를 대하는 방식이나 태도, 내부 직원끼리의 문화 같은 것들도 본인이 다녔었던 치과가 '보편적이고 정상적'이라는 기준을 가지게 된다. 자신도 모르게 형성된

내면화된 기준이라 스스로 잘 인식하지 못하는 경우가 많다.

리더는 인간이 갖는 이런 인식적 특성을 잘 이해해야 한다. 뉴페이스의 기준이 무조건 틀렸다고 생각하면 안 된다는 뜻이다. 뉴페이스가 자신이 다니던 치과의 기준이 맞다고 믿는 것만큼 기존 직원들도 우리 치과가 맞다고 굳게 믿고 있다. 그것이 과학적으로 진리라서, 사실관계라서 믿는 게 아니다. 단지 처음 접했던 내용이 오랫동안 별문제가 없었기 때문이다. 실제로 그렇게 생각하는지 알아내는 방법이 있다. 새로운 재료나 술식 방법을 가져와서 "이 방법이 최근 연구 결과에서 훨씬 좋다고 밝혀졌으니 다 바꾸자"고 직원들한테 얘기해보면 된다.

그동안 뉴페이스에게 온갖 과학적 근거로 우리 치과 방식이 맞다고 했던 사람들이 이번엔 시큰둥한 반응을 보일 것이다. 특히 바꿀 때 '학습'이 추가로 필요한 내용일수록 분명히 드러난다. 병원 분위기에 따라 거세게 반대할 수도 있고 마지못해 따라갈 순 있지만 선뜻 "그럽시다!"하는 경우는 잘 없다. 인간은 기본적으로 변화를 싫어한다. 그동안 아무런 문제가 없었던 영역에서 그 경향성이 더 강해진다. 즉, 기존 직원과 새로 온 직원의 실제 욕구는, 변화하고 싶지 않다는 지극히 인간 본성적인 반응이라고 볼 수 있다.

아까 나의 사례로 돌아가자면, 주로 이런 이유로 인해 기존 직원들한테서 볼멘소리가 나오기 시작했다. 들어온 지 얼마 안 된 사람이 우리 치과 방식을 받아들이지 못하고 오히려 바꾸려 하기 때문이다. 뉴페이스도 자신이 오랫동안 해왔던 방식을 바꾸기 불편하다. 아무 문제 없이 수년간 이 방식으로 일해왔는데 왜 내가 바꿔야 하는가? 납득이 가질 않는다. 이런 불만들은 건초더미에 불을 지피듯 점점 화력이 강해진다. 그동안 봐왔던 패턴대로라면 앞의 수많은 퇴사자와 마찬가지로 이번 뉴페이스도 얼마 뒤 쫓기듯이 퇴사할 게 뻔했다. 나는 그 악순환 고리를 끊기 위해 이전과 다르게 접근해 보았다.

대부분의 치과에서 오전 회의를 한다. 오늘 내원할 환자들의 병력을 공유하고 참고해야 할 사항을 체크하기 위해서다. 내가 근무했던 치과에서는 지난 진료에서 챙겨야 했을 내용이나 전날 업무 미스에 대한 피드백이 오전 회의에 포함돼 있었다. 나는 이때를 활용해 보기로 했다. 피드백을 좀 강하게 해보기로 한 것이다. 평소였으면 불편한 얘기는 우회적으로 표현하든지, 따로 자리를 만들든지, 어쨌든 완곡하게 전달했을 텐데 지금 상황에선 오히려 맞지 않는 방식이라 판단했다. 내가 의도한 건 뉴페이스에게 돌아갈 비난의 화살을 나한테로 끌어와서 우리 치과 문화에 적응할 시간을 벌어주고자 함이었다. 함께 뒷담화하면 서로에 대한 좋은 감정을 교류할 수 있으니 여러모로 좋은 판단이라 생각했다. 내 예상대로 시간이 지나자 나에 대한 비난 여론이 높아지고 있다는 걸 전해 들었다. 기존 직원들과 새로 입사한 직원이 다 함께 나를 험담하고 있다는 사실도 알게 되었다. 짜릿한 순간이었다. 욕을 먹는데 기분이 좋은 희한한 경험을 했다. 이렇게 한차례 위기를 넘긴 후 치과가 점점 안정되기 시작했다. 결과적으로 해당 뉴페이스는 그리 오래 일하진 못했다. 근무 기간을 1년을 채넘기지 못했는데, 그것과 별개로 나에겐 엄청난 경험이었다. 원래 패턴대로라면 한두 달도 못 버틸 거라 생각했기 때문이다. 그 이후로 해당 경험을 바탕으로 우리 치과가 가진 고질적인 패턴을 하나둘씩 깨기 시작했고 새로 입사한 직원들이 치과에 적응할 수 있는 토대를 만들 수 있었다.

성숙한 치과는 면역반응을 견뎌낸다

뉴페이스와 직원들 사이에 갈등이 발생했을 때 리더의 판단은 너무나도 중요하다. 몇 년간 함께 일했던 사람들의 눈에 비친 뉴페이스의 행동과 생각 방식은 생소함을 넘어서 기이할 수도 있기 때문이다. 오랫동안 함께 일한 사람들, 그 조직은 견고한 면역체계를 갖춘 하나의 생명체다. 새로운 입사자라는 낯선 존재에게 면역반응을 일으키고 공격하는 게 어쩌면 당연하다. 이때 리더가 기존 직원과 뉴페이스 간의 갈등 상황을 들어보면 대부분 뉴페이스의 잘못처럼 들린다. 왜 그럴까? 리더 자신도 그 면역체계의 일부라서 그렇다. 몇 년간 그들과 같은 조직에 몸담으며 같은 문화에 적응하고, 그 문화를 같이 만들기도 하면서 생각과 가치관이 비슷해져 있기 때문이다. 한국인들끼리만 있으면 서로의 생각이 얼마나 비슷한 줄 모르다가도 외국인이 한 명 꼈을 때 비로소 알게 되는 것과 같은 이치다.

여기서 리더들이 자주 하는 실수가 있다. 기존 직원들은 항상 옳고 새로 온 직원은 언제나 틀렸다는 생각이다. 생각의 다름을 모두 틀림으로 인식한다. 리더 자신이 이미 우리 치과가 옳다는 생각에 매몰된 상태다. 이러한 인식적 편향을 한 발 떨어져서 바라보지 못하면 상황이 점점 악화하므로 정말 조심해야 한다. 뉴페이스는 오히려 우리가 가진 고질적인 문제를 해결할 실마리를 제공할 수 있는 존재라서 다른 관점으로 바라보고 접근할 필요가 있다.

정말 극단적인 사람이 들어온 게 아니라면 시간이 지남에 따라 면역반응이 약해지고 언제 그랬냐는 듯 정상으로 돌아온다. 이 과정을 성숙하게 견딘 조직은 이전보다 건강한 내부구조와 폭넓은 인간에 대한 인식을 갖출 수 있는 반면, 그렇지 못한 조직은 면역반응만 영원히 겪어야 해서 모두가 괴롭다. 왜 우리 치과는 이상한 사람만 들어오냐며 한탄한다. 만약 후자의 조직에 몸담고 있다면 그 조직에 새로 입사한 사람이 아니라, 그들의 리더가 가진 사고방식 자체를 점검해 볼 필요가 있다.

4

치과 리더로서 '나' 바로 알기

보편적 진리와 특수한 진리를 구분하는 시야

지금까지 설명한 대부분의 내용을 이미 알고 있는 사람도 있을 거라 생각한다. 그런 입장을 지닌 사람들에겐 어쩌면 뻔한 얘기처럼 들릴 수 있다. 해봤는데 안 되더라 주장하는 경우도 있다. 또 누군가가 들을 땐 이상적이고 뜬구름 잡는 느낌도 들 것이다. "저게 맞는 말인가?", "우리 치과에 적용할 수 있는 내용이 맞나?" 이런 의구심이 샘솟는다면 오히려 좋은 현상이다. 책을 통해 얻은 지식을 무작정 따라 하는 건 추천하지 않는다. 가장 중요한 건 자신이 실천했을 때 유효한 지식이 무엇인지 알아야 한다는 점이다.

인간이 괴로운 건 진리를 몰라서가 아니라 진리를 실천하지 않기 때문이라는 말을 다시 거론해야 할 듯하다. 결국 모든 지식은 실천했을 때 가치가 생긴다는 뜻이다. 사실 실천이 중요하다는 건 누구나 안다. 단지 실행으로 옮기는 게 쉽지 않을 뿐이다. 왜 그럴까? 내가 얻은 지식에 대한 확신이 없기 때문이다. 특히 자기계발서류의 책을 읽을 때 이런 현상이 자주 나타난다. 자기계발서는 특정 분야에서 의미 있는 성과를 이룬 사람들이 주로 저술한다. 그들이 어떻게 그런 성과를 냈는지 자신만의 성공 법칙을 기술한다. 이렇게만 하면 당신도 성공할 수 있다고 누누이 강조한다. 그러나 그 내용대로 실천하는 독자는 많지 않다. 성공한 사람의 말대로 해봤다가 실패한 경험이 있는 사람한테서 그 경향성이 더욱 뚜렷해진다. 몇몇은 자기계발서 자체를 혐오하는 수준에까지 이른다.

그대로 실천했을 때 잘되면 다행이지만 혹여나 잘못될 경우 소모된 시간과 노력의 낭비가 뼈저리므로 섣불리 행동하기가 어려운 것이다. 그렇다면 자기계발서는 쓸모없는가? 그렇지 않다. 누군가는 자기계발서를 통해 자신의 삶을 통찰하고 새로운 단계로 자아를 도약시킨다. 그 과정에서 자신만의 성공법칙을 창조하고 다른 사람들에게 전달한다. 그들은 자신이 성공한 이유가 자기계발서 덕분이었다고 말한다.

판단의 기준이 되는 보편적 진리

자기계발서를 통해 도움을 얻는 사람과 그렇지 못한 사람의 결정적인 차이는 보편적 진리와 특수한 진리를 구분할 줄 아는 데에 있다. 이 책의 전반부에서 계속 강조했던 "모든 존재는 서로의 대립을 통해서만 존재한다"는 명제를 기억하는가? 이 명제는 수천 년 동안 수많은 인문 서적에서 진리로 강조된 내용이므로 거의 모든 분야, 모든 영역에서 틀리지 않을 가능성이 높다. 그렇기 때문에 이런 명제는 '보편적 진리'로 채택할 수 있다.

만약 이 명제를 제대로 깨우치지 못한 상태로 자기계발서를 통해 다음과 같은 저자의 주장을 접했다고 해보자. "내 기분을 나쁘게 하는 사람은 빨리 손절하라" 요새는 특히 이런 내용의 주장이 많은 것 같다. 이전보다 개인의 기분과 입장을 중요시하는 사회가 되다 보니 그런 듯하다. 하지만 이런 명제는 저자 본인이 수십 년 정도 살아오면서 느낀 바를 진리처럼 말한 것이므로 특수한 상황, 특수한 시기, 특수한 문화에서만 적용될 가능성이 높다. 이를 보편적 진리에 대응하는 '특수한 진리'로 정의할 수 있다. 만약 이 특수한 진리를 철석같이 믿고 내 기분을 상하게 하는 사람들을 계속 손절하기 시작하면 어떻게 될까? 그동안 내 맘을 상하게 하지 않던 사람 중에서 누군가가 또 내 기분을 건드리기 시작한다. 계속 그렇게 행동하면 위험하다는 둥, 그동안 기분 나쁠까 봐 말 안 했지만 진짜 친구라서 조언해 주는 거라는 둥, 갑자기 듣기 싫은 소리를 해댄다. 이 상황에서도 자기계발서의 내용을 철석같이 믿고 그 친구들마저 손절한다면? 당연히 내 기분을 건드리는 사람이 새로 등장한다. 이 사람은 이 같은 과정을 반복하면서 점점 대인관계 대처 능력이 떨어지고 사회성에 문제가 생긴다. 최악의 경우 인간 자체를 혐오하게 되고 누구도 믿지 못하겠다며 한탄한다. 내 기분을 상하게 하는 사람과 내 기분을 좋게 하는 사람. 이 두 존재는 서로가 서로를 존재하게 하므로 영원히 생겨날 수밖에 없다는 보편적 진리를 제대로 깨닫지 못했기 때문에 나타나는 현상이다.

반면 이러한 보편적 진리를 염두에 두는 사람은 자기계발서에서 했던 저자의 주장을 걸러서 듣는 게 가능하다. 어디를 가든 나를 싫어하거나 내 기분을 나쁘게 하는 사람은 있을 수밖에 없다는 걸 알기 때문에 저자가 주장하는 내용을 자신의 상황에 맞게 적용할 수 있다. 여기에 더불어 "모든 현상은 좋은 면과 나쁜 면을 동시에 지니고 있다"는 또 다른 보편적 진리 명제를 추가로 고려하면, 내 기분이 나빠짐으로 인해 내가 얻게 되는 이익이 무엇인지도 따져볼 수 있게 된다. 이를테면 기분 나쁨의 종류를 구분해서 내 성장에 도움 되는 기분 나쁨과 도움이 되지 않는 기분 나쁨을 구분하고 성찰하는 것이다. 비록 저자는 그 사람들이 나에게 주는 나쁜 점만을 주장하고 한 가지 관점만 제시했으나, 이를 해석하는 내 입장은 얼마든지 달라질 수 있게 된다. 이를 바꿔 말하면, 우리 삶에 적용되는 보편적 진리를 많이 깨우칠수록 타인의 입장에 쉽게 휘둘리지 않는 비판적 사고를 할 수 있음을 뜻한다. 책을 읽고 오히려 문제가 되는 경우들은 이처럼 특수한 경우에만 한정적으로 적용되는 진리와 모든 상황에 대부분 적용되는 보편적 진리를 혼동하는 데에 있다.

그렇다면 이런 보편적 진리는 어디서 획득할 수 있을까? 바로 우리가 그렇게 읽기 싫어하는, 이름만 들어도 하품 나오는 고전 인문 서적에 모두 잠들어 있다. 인간으로 태어나 약 100년의 세월을 살면서 인문학에 대해 너무 모른다는 건, 자기계발서류의 책뿐만 아니라 티비나 인터넷, 스마트폰 같은 미디어 매체에서 제공하는 특수한 진리 명제에 내 삶이 휘둘릴 수도 있음을 의미한다. 책을 통해 현실을 바꾸고자 한다면 무작정 실천하는 것보다 인문학을 함께 접하는 게 여러모로 이로울 것이다.

성장을 가로막는 방어기제

앎과 실천 사이에 괴리를 만드는 훨씬 근본적인 이유가 있다. 다양한 지식을 배우고 이를 바탕으로 진리를 구분해서 대입할 수 있다 하더라도, 자기 자신에 대한 이해가 부족하면 힘들게 노력한 실천들이 엉뚱한 결과를 초래한다. 즉, 내가 누군지 모르는 상태에선 그 어떤 지식도 힘을 발휘하지 못한다는 의미다. 만약 당신이 "누구보다 내가 나를 잘 아니까 나는 여기에 해당하지 않는다"라고 생각하는 사람이라면, 안타깝지만 이렇게 생각하는 사람일수록 자신에 대해 모를 가능성이 높다. 서양 철학자 중 우리에게도 많이 알려진 소크라테스는 "나는 내가 모른다는 걸 안다"라는 명언을 통해 인간이 가진 인식의 역설을 날카롭게 꼬집었다.

여기서 자기가 자신을 모른다는 건 구체적으로 어떤 뜻일까? 생각해 보면 좀 이상하다. 사람들은 분명히 자기가 어떤 생각을 하는지, 어떤 사람인지 안다. 그 사람만 가진 그 생각은 누구도 당사자의 동의 없이 열람할 수 없다. 물리적인 영역도 마찬가지다. 남들이 모르는 신체 콤플렉스는 오직 그 자신만 알고 있다. 내가 좋아하는 음식, 선호하는 성격, 싫어하는 활동 등등 나에 대해 내가 가장 잘 안다고 주장할 만한 근거들은 차고 넘친다. 그런데도 왜 내가 나를 모른다고 하는 걸까?

19세기 정신의학계의 거장 지그문트 프로이트의 '정신분석'에 따르면 인간의 의식에는 스스로 자각하고 느낄 수 있는 '의식'의 영역과 정신 속에 분명히 존재함에도 자각이 어려운 '무의식'이 함께 존재한다고 한다. 의식은 구체적으로 내가 하는 생각이나 판단이라고 이해하면 된다. 가령 사원 A가 B라는 상사한테 맨날 혼난다고 해보자. 이 A의 의식에 "B는 나쁜 인간이다"라는 생각이 형성된다면, 이 내용은 의식에 속해 있으므로 A 자신도 바로 알 수 있다. 그런데 이런 A가 자신이 그렇게 싫어하는 상사 B를 대할 때 유난히 친절하다면 어떨까? 다른 상사들을 대할 때보다

B상사에게만 더 호의적으로 행동한다면? 이러한 모습이 다른 동료들의 눈에는 A가 B에게 혼나는 게 무서워 환심을 사려는 것처럼 보일 수 있다. 여기서 갑자기 C라는 후배가 A의 심기를 건드렸다고 추가 설정해 보자. 이때 A가 C에게 호되게 혼내는 순간 A는 비로소 '강약약강'이라는 평판을 얻게 된다.

A는 자신이 그러한 평판을 얻고 있는 것도 모르고 누군가 자신과 같은 행동을 하면 맹렬히 비난한다. 그런 행동은 비열한 인간이나 하는 짓이라며 혐오한다. 자기가 B상사에게 어떻게 행동하고 있는지 자각을 못 했기 때문에 가능한 반응이다. 이러한 일련의 심리 메커니즘을 전문용어로 '방어기제'라고 부른다. 방어기제란 인간이 자신의 불안한 마음을 해소하기 위해 현실의 내용을 왜곡하는 행위를 말하는데, 이는 의식이 아닌 무의식에서 발동하므로 알아차리기가 매우 어렵다.

상황에 따라 불안을 처리하는 다양한 방식이 있고 그에 따라 방어기제의 종류도 달라진다. 그런데 내 방어기제는 얄궂게도 나에겐 잘 안 보이지만 남들 눈에는 잘 보인다. 구취(입 냄새)와 똑같다고 보면 된다. 코 바로 밑에 입이 달렸지만 내 입 냄새는 내가 모른다. 남들이 훨씬 잘 안다.

방어기제 종류

방어기제	내용
억압	의식하기에 현실이 너무 고통스럽고 충격적이어서 무의식 속으로 억눌러 버리는 것.
부인	고통스러운 현실을 인식하지 않는 것. 이를테면 사랑하는 사람의 죽음이나 배신을 사실이라고 인정하지 않음.
투사	자신이 받아들이기 어려운 느낌, 생각, 충동 등을 무의식적으로 타인의 탓으로 돌려 자신을 보호하는 방법. 자신의 심리적 속성이 타인에게 있는 것처럼 생각하고 행동하는 것. 자신이 화가 났지만, 오히려 상대가 자신한테 화가 났다고 생각하는 것 등.
동일시	중요한 인물들의 태도와 행동을 자기 것으로 만들면서 닮으려는 것.
퇴행	심각한 스트레스 상황이나 곤경에 처했을 때 불안을 감소시키기 위해 이전의 발달 단계로 후퇴하는 행동. 예를 들어 불안한 상황에서 나이에 맞지 않게 손가락을 빠는 행위.
합리화	현실에 더 이상 실망을 느끼지 않으려고 그럴듯한 구실을 붙여 불쾌한 현실을 피하려는 것.
반동형성	실제로 느끼는 분노나 화 등의 부정적 감정을 직접 표현하지 못하고 반대로 표현하는 것.
승화	사회적으로 용납할 수 없는 성적인 충동, 공격적 충동을 사회적으로 인정되는 형태와 방법을 통해 충동과 갈등을 발산하는 것.
치환	자신의 감정을 대상에게 직접적으로 표현하지 못하고 전혀 다른 대상에게 발산하는 것.

「상담심리학의 이론과 실제」(학지사)

그렇다고 방어기제가 항상 안 좋은 역할만 하는 건 아니다. 흔히 알고 있는 방어기제 중 하나가 '자기합리화'인데, 뭔가 안 될 것 같거나 실패했을 때 그럴 수밖에 없었던 이유를 찾고 마음의 평안을 얻는 걸 말한다. 이 용어가 일반적으로 안 좋은 이미지를 갖고는 있지만, 적당한 자기합리화는 마음이 심각하게 다치는 걸 막아주기 때문에 마냥 안 좋게만 평가하긴 어렵다. 오히려 이런 방어기제를 통해 진짜 불가능한 상황을 직시할 수도 있는 것이다. 너무 없으면 없는 대로 그 나름의 부작용이 생긴다.

보통 성장하는 데 문제가 되는 경우는 방어기제가 너무 강한 사람들이다. 이들은 자신의 자아가 다치는 걸 지나치게 방어하다가 마음이 성장할 시기를 놓치게 된다. 에릭 에릭슨의 심리사회적 발달 이론에서도 설명했듯이 인간의 마음이 성장하려면 항상 심리적 위기를 동반해야 한다. 이때 방어기제가 강한 사람은 심리적 위기가 촉발한 내적인 불안을 견디지 못하고 현실을 회피한다. 자신에 대한 건설적인 비판도 견디지 못하거나, 인내하며 성취하기 전에 자기합리화로 포기하거나, 상처받는 게 두려워 시작조차 하지 않는다.

내 방어기제를 모르면 성숙할 수 없다

요새는 어떤지 모르겠으나 내 유년 시절에는 좋아하는 이성 친구를 오히려 괴롭히는 남자아이들이 많았다. 어른들의 눈엔 남자아이가 자신이 괴롭히는 그 여자아이를 좋아하고 있음이 훤히 보인다. 그러나 이를 언급하는 순간 절대 아니라며 완강히 부인할 가능성이 높다. 내가 그 애를 왜 좋아하냐면서 길길이 날뛴다. 시간이 좀 지나고 인식적 성장을 이룩하면 그때서야 자신이 그 여자아이를 좋아했었다는 사실을 깨닫는다.

비슷한 사례가 또 있다. 이전에 인생의 황혼기에 접어든 노인들에게 그동안 살면서 가장 후회되는 것이 무엇이냐고 물어보는 영상을 본 적 있다. 그 영상에서 가장 많이 나온 대답이 '조금 더 도전적으로 살지 못한 것'이었다. 이런 대답을 한 노인들이 젊은이들을 만나면 분명 좀 더 열정적이고 도전적으로 살라며 조언해 줄 것이다.

그러면 이분들은 왜 젊었을 때 그렇게 살지 못했을까? 추측건대 그 당시엔 방어기제가 발동해서 도전적으로 살지 말아야 할 이유를 끊임없이 나열했음이 틀림없다. 그게 모두 자기합리화였다는 사실을 노인이 된 지금에서야 깨닫게 된 사람도 많을 거라 생각한다.

이러한 방어기제를 알아차리고 스스로에 대한 이해를 높이는 과정은 인간의 정신이 성숙해지기 위해 반드시 거쳐야 할 필수코스다. 방어기제로 꽁꽁 둘러싸인 자아를 가진 사람은 새로운 지식을 현실에 활용하기가 너무 어렵기 때문이다. 본인은 책에서 배운 내용대로 충실하게 행동한다고 믿지만, 다른 사람들이 볼 땐 정반대로 보인다.

만약 내 주변에 나에게 건설적인 비판을 해주는 사람이 한 명도 없다면 그것 또한 당신의 방어기제가 발동했기 때문일 수 있다. 듣기 불편한 말을 하는 사람들을 자신의 대인관계 망에서 전부 솎아낸 사람들이 이런 상황에 자주 놓인다. 특히 자기애가 강한 사람들한테서(자존감과는 약간 다른 개념) 많이 나타나는 현상인데, 이 패턴을 극복하지 못하고 계속해서 아낌없는 칭찬과 좋은 말만 듣고자 하는 사람은 그 대가로 정신적 성장을 포기할 수밖에 없다.

다행인 건 방어기제는 스스로 알아차리기만 해도 크게 완화된다는 점이다. 만약 자신이 여러 정황상 방어기제가 강한 것 같다는 느낌이 든다면, 자기계발서류의 구체적 행동 지침을 알려주는 실용서적들보단 심리학책 위주의 독서가 훨씬 도움될 수 있다.

그리고 일기를 쓰면서 자신의 고질적인 패턴을 파악해 보는 걸 추천한다. 한두 달 가지곤 어림없다. 최소 1~2년은 해야 한다. 나를 알아가는 과정은 그만큼 꾸준한 노력이 필요하기 때문이다. 아무런 생각의 변화, 행동의 변화 없이 마음이 성장하길 바라는 건 이룰 수 없는 욕심이다.

분화지수 높이기

20세기 가족치료 심리학의 선구자 머레이 보웬의 '다세대 가족치료'에 의하면 한 가정에서 태어난 아이는 자신을 키워주는 양육자와 심리적으로 끈끈하게 연결된다고 한다.

이로 인해 서로의 감정에 예민하게 반응하는데, 이러한 상태를 '정서적 융합'이라 부른다. 시간이 흘러 부모와 융합돼 있던 아이는 서서히 부모로부터 심리적 독립을 하게 된다. 어릴 때처럼 부모의 말에 모두 따르지 않고 자기가 형성한 신념을 기준으로 판단하는 어른이 되는 것이다. 이러한 과정을 '자아 분화'라고 한다.

그런데 어른이 됐는데도 자아 분화를 이룩하지 못하면 수많은 고통에 시달리게 된다. 양육자의 마음과 융합된 상태기 때문에 자신의 기준이 아닌 부모의 기준으로 행동한다. 이 현상을 대표하는 예가 바로 '마마보이', '마마걸'이다. 물론 반대도 마찬가지다. 부모와 정서적으로 단절해 버리거나 지나치게 반항하는 행위 또한 자아 분화가 제대로 이뤄지지 못한 사람의 또 다른 모습이다.

분화지수로 보는 어른의 기준

보웬은 이러한 분화 개념의 중요성을 상세히 기술한다. 그는 자아 분화의 정도를 이론적으로 개념화했는데, 분화 수준이 가장 낮은 0점에서부터 최고치인 100점까지 구분하고 각 특성을 기술했다.

이 기준에 따르면 분화 점수가 100에 가까울수록 타인과의 정서적 융합이 낮고 자신만의 가치관이 뚜렷한 사람이다. 반대로 0에 가까우면 의존적이고 스스로 판단하는 것을 힘들어하며 누군가와 쉽게 융합해 버린다.

자아 분화의 이론적 구분

자아 분화 점수	내용
0 ~ 25	척도의 가장 낮은 수준으로 감정과 사고의 융합이 너무 심해 삶이 온통 감정에 의해 지배된다. 이들은 타인의 인정을 받기 위해 개별성을 희생하며, 스트레스 상황에서 쉽게 역기능적이 된다.
25 ~ 50	인정에 대한 기본적 욕구가 있으며 갈등을 회피한다. 타인을 기쁘게 하려고 노력하며 의존적이고 자율적 능력이 부족하다. 독립적으로 결정에 이르거나 문제를 해결하는 능력이 별로 없다.
50 ~ 75	분명한 신념을 가지고 있음에도 타인의 선택에 대해 의식하는 경향이 있다. 의사결정을 내려야 할 때 의미 있는 타인(부모)의 인정을 받을 수 있는지 의식하는 편이나, 스트레스 상황에서도 기능을 잘 잃지 않으며 역기능적이 되어도 금방 회복한다.
75 ~ 100	명확한 가치와 신념을 가지며, 목표지향적이다. 융통성이 있고 안정적이며 자율적이다. 갈등과 스트레스에 대해 인내심이 있으며 강한 자아감을 갖는다.

출처 : 『가족치료의 이해』(학지사)

보웬의 개념이 우리 사회에 시사하는 이론적 함의는 정신적 성장의 방향성을 제시했다는 점이다. 효와 충을 강조하는 과거의 대한민국이었다면 전혀 먹히지 않았을 내용이지만 지금은 상황이 다르다. 현재 우리나라는 급속도로 서구화되고 있다. 이는 물질적 가치뿐 아니라 정신적 가치 또한 서구적인 체계를 추구하고 있다는 뜻이다. 부모에게 행하는 '효'의 행위가 이제는 마마보이, 마마걸의 증거가 된다. 상관의 말이라면 불길도 마다하지 않던 '충'의 모습은 할 말도 제대로 못 하는 비굴한 인간의 전형으로 바뀌었다. 이 모든 현상은 집단주의 사회에서 추구하던 '어른'의 기준이, 개인주의 사회가 바람직하다고 여기는 기준으로 바뀌고 있다는 걸 의미한다.

분화지수가 낮으면 책이나 다른 매체를 통해 얻은 지식을 제대로 활용하기 어렵다. 자신에게 영향을 주는 다른 타인들과 쉽게 융합해 버리기 때문이다. 만약 자신의 양육자와 정서적으로 강하게 융합된 마마보이가 회사생활을 한다고 해보자. 이 사람은 회사 내에서도 똑같이 양육자의 역할을 해줄 사람과 융합할 가능성이 높다.

존경하는 상사가 생기면 그 상사를 마치 부모처럼 여기고 뜻을 거스르지 못한다. 상사가 하는 말에 따라 곧이곧대로 행동한다. 반대로 부하직원과 융합하는 상사도 있다. 특히 일을 잘하는 부하직원과 그런 경우가 많은데, 분화지수가 낮은 리더는 일잘러의 기분을 상하게 하지 않으려 갖은 노력을 한다. 물론 구인난 때문에 어쩔 수 없이 저자세로 행동하는 경우도 있다. 인력 수급이 어려운 상황에선 업무능력이 출중한 사람의 중요성이 부각 될 수밖에 없는 게 사실이다. 여기서 예시로 든 케이스는 이런 상황과 별개로 타인과 융합하는 걸 말한다.

이런 심리 상태에선 책에서 읽은 좋은 글귀, 멘토에게서 얻은 직원 관리 꿀팁, 유튜브에서 봤던 올바른 행동 지침들이 한낱 뜬구름 잡는 이론이 돼버린다. 앞서 언급한 "일잘러에게 일부러 불편한 피드백을 줘야 한다"라는 내용을 실천하려 해도 일잘러와 융합된 상사는 이를 행동으로 옮기기가 굉장히 어렵다. 불안하고 두렵기 때문이다. 이때 이 불안을 통제하기 위해 방어기제가 꿈틀꿈틀하며 그렇게 행동하지 말아야 할 이유를 만들어 준다.

만약 스스로 분화지수가 너무 낮은 것 같다고 판단된다면 적정 수준으로 올릴 필요가 있다. 이런 사람들에겐 방어기제를 다스릴 때처럼 일기가 상당히 도움된다. 그리고 자신이 두려워하는 상대에게 이전엔 해보지 못했던 행동이나 말을 조금씩 해보는 걸 추천한다. 부모의 말을 잘 거역하지 못한다면 사소한 내용으로 조금씩 거절해 보는 것도 좋다. 부모와 관계가 약간 틀어져도 크게 두려워할 필요 없다. 갈등을 수습하는 과정에서 당신의 마음이 성장하기 때문이다. 이때 발생하는 불편한 감정을 일기에 기록하고 고뇌한다면 훨씬 좋은 효과를 볼 수 있다.

이성을 마비시키는 불안한 감정 상태

　실천이 어려운 마지막 이유는 감정이다. 동물에겐 모두 감정이 있다. 인간도 동물에 속하므로 당연히 감정이 존재한다. 감정은 우리가 어떤 행동을 취해야 할지 그 방향성을 제시한다. 길을 가던 중 사나운 짐승을 맞닥뜨리면 두려움과 공포라는 감정이 생길 것이다. 그리고 이 불쾌한 감정에서 벗어나기 위해 당신은 '도망'이라는 행동을 취하게 된다. 가까운 사람이 슬퍼하는 모습을 봤을 때도 마찬가지로 감정이 움직인다. 나도 덩달아 슬퍼지면서 자연스럽게 상대를 달래주기 위한 행동이 나온다. 이렇듯 감정은 우리에게 행동의 방향을 알려주는 나침반 역할을 한다.

방금 예시처럼 언제나 상황에 어울리는 감정이 나온다면 다행이지만 그렇지 않은 경우도 많다. 길에서 짐승을 만나는 것과 같은 극단적 상황은 예외다. 이런 경우엔 거의 모든 인간이 상황에 맞는 감정이 나온다. 그러나 현대사회를 살아가는 우리가 이런 극단적인 상황에 놓이는 경우는 잘 없다. 지금 말하고자 하는 건 일상적 상황에서의 적절한 감정반응에 대한 이야기다.

감정 기복이 심하면 타인과의 상호작용에서 적합한 감정이 나오지 않을 가능성이 커진다. 적합한 감정이 나오지 않는다는 건 마찬가지로 적합한 행동 또한 나오지 않게 된다는 것을 뜻한다. 하루 종일 우울하고 기분이 처져 있거나, 이상하게 짜증 나고 불쾌함이 밀려오는 상태에선 스스로도 이해하기 힘든 행동이 나올 수 있다. 이런 특성은 리더에게 굉장히 큰 리스크다. 만약 부하직원의 아주 사소한 실수에 대해 엄청난 실수를 한 것과 같은 감정반응이 나온다면 어떻게 될까? 평소 같았으면 1~2 정도의 짜증이 나올 사안인데, 내 불안정한 감정 상태 때문에 6~7 수준의 분노가 치밀어 오른다면? 그 감정 수준에 맞는 과격한 행동이 튀어나오게 된다. 다른 사람들이 볼 때 비이성적인 것을 넘어 괴이한 모습으로 보일 가능성이 높다.

배운 걸 써먹으려면 감정관리가 필수

감정만 행동에 영향을 주는 건 아니다. 생각도 감정과 마찬가지로 우리의 행동을 유도한다. 6~7 수준의 분노가 치밀어 올라도 지금의 내 상태가 정상이 아니라는 걸 깨닫고 감정을 억누를 수 있다는 뜻이다. 이러한 사고의 힘 덕분에 부글부글 끓어오르는 감정과는 달리 그 상황에 맞는 행동을 할 수 있게 된다. 독서의 영향력이 여기서 나온다고 볼 수 있다. "그래, 책에서 이럴 때 크게 화내면 안 된다고 했지. 여기서 내가 너무 과하게 반응하면 더 큰 문제가 생길 수도 있어."

그런데 이런 상황이 너무 잦으면 한계가 올 수밖에 없다. 이성으로 감정을 조절할 때 엄청난 심리적 에너지가 필요하기 때문이다. 따라서 평소에 충분한 에너지를 갖추고 있다가 특정 상황에서 한 번씩 쏟아내야 한다. 이게 가능해지면 가끔 감정이 불안정할 때 책에서 읽은 내용을 상기하며 스스로를 추스를 수 있게 된다. 그런데 감정이 매번 오르락내리락하는 사람은 심리 에너지를 특정 상황에 집중할 수가 없다. 너무 자주 고갈되기 때문이다. 아무리 좋은 행동과 지침들을 지식적으로 익혀도 행동할 수 있는 에너지가 없어서 그것들이 전부 무용지물로 전락한다.

결국 상황에 맞는 적합한 행동을 하려면 감정관리가 병행돼야 한다. 감정이 관리되지 않으면 삶도 관리하기 힘들어진다.

앞서 언급한 대로 생각만으로 감정을 관리하는 건 한계가 있다. "괜찮아", "화내면 안 돼", "우울해하지 말자", "지금 짜증나는 건 일시적인 거야, 릴랙스 릴랙스~" 등등 단순히 생각만으로 다스리려 하는 건 진짜 다스리는 게 아니다. 물론 도움을 주기도 하지만 이 방식만 고수하면 에너지가 너무 빨리 소모돼서 얼마 못 간다. 책에서 익힌 내용을 현실에 적용할 수 있으려면 심리 에너지가 자주 고갈되지 않도록 감정 그 자체를 관리해야 한다.

가장 좋은 방법 중 하나는 운동이다. 일, 이주에 한 번씩 하는 기분 전환용 운동이 아니라 일주일에 적어도 3~4회 이상 꾸준히 실행하는 루틴으로서의 운동을 말한다. 운동은 우리 뇌에서 감정 조절을 도와주는 신경전달물질들을 분비하므로 긍정적인 감정을 유지하는 데에 엄청난 역할을 한다.

감정관리는 앞에서 언급했던 방어기제와 정서적 융합을 이겨낼 밑거

름이다. 불안정한 감정 상태는 보안이 부실한 금고처럼 나의 중요한 가치를 내가 모르는 사이에 타인으로부터 침해받게 만들기 때문이다. 만약 당신이 지키고자 하는 가치가 있다면 감정관리부터 시작하길 추천한다.

인식 전환 연습

리더는 자기 자신에 대해 깊이 알아야 한다. 리더가 자기 이해가 낮으면 낮을수록 그 피해는 오롯이 조직원들이 받기 때문이다. 아래 질문에 생각나는 대로 적어보고 나는 누구인지 생각해 보자.

1. 내가 일할 때 가장 싫어하는 사람의 유형은?

....

....

2. 함께 일하는 사람들에게 보이고 싶지 않은 나의 모습은?

....

....

3. 내가 생각하는 나의 업무적인 장점은?

....

....

4. 내가 생각하는 나의 업무적인 단점은?

....

....

(작성한 내용을 바탕으로 일주일 동안 충분히 생각해 본 후 다음 페이지에 답해주세요.)

1번 유형의 사람이 가진 장점은 무엇이고 치과가 유지되는 데에 긍정적으로 작용하는 이 사람만의 역할은?

....

....

2번에서 말한 나의 모습을 실제로 남들에게 보였을 때 내가 받게 될 피해는? 그 모습을 통해 내가 얻을 수 있는 것은?

....

....

3번 때문에 내가 잃을 수도 있는 리더로서의 가치는 무엇이고, 이 장점으로 인해 우리 치과에 끼칠 수 있는 피해는?

....

....

4번 덕분에 내가 얻을 수도 있는 리더로서의 가치는 무엇이고, 이 단점이 우리 치과에 줄 수 있는 이로움은?

....

....

이 질문들은 모두 정답이 없다. 단지 내가 누군지 알아가는 과정이고, 타인에 대한 이해를 높이는 방법일 뿐이다. 특정 가치를 담은 내용을 다른 관점에서도 볼 줄 알아야 다양한 상황에서 인식이 매몰되지 않을 수 있다.

1번 문항(내가 일할 때 가장 싫어하는 사람의 유형은?)과 2번 문항(함께 일하는 사람들에게 보이고 싶지 않은 나의 모습은?)은 서로 연결돼 있다. 내가 싫어하는 타인의 모습은, 거꾸로 얘기하면 절대 내가 보이고 싶지 않은 나의 모습이다. 만약 일할 때 어리숙한 태도의 사람을 싫어하는 사람이라면, 자신이 누군가에게 그런 어리숙한 모습을 보였을 때 굉장한 수치심을 느끼게 된다. 자신에게도 이런 모습이 있다는 걸 무의식에 깊이 밀어 넣고 외면한다. 이런 태도는 성장에 걸림돌이 된다. 어리숙한 모습을 보이지 않을 수 있는 상황에서만 일하려 하기 때문이다.

3번 문항(내가 생각하는 나의 업무적인 장점은?)과 4번 문항(내가 생각하는 나의 업무적인 단점은?)도 자세히 보면 서로의 연결고리를 찾을 수 있을 것이다. 하나의 장점은 반드시 다른 하나의 단점을 만들어 낸다. 마찬가지로 단점이라 여긴 요소가 다른 관점에서 장점이 될 수 있다. 3번과 4번이 서로 유기적으로 연결된 자신의 모습을 찾기 위해 충분한 사색의 시간을 가져보길 권한다.

에필로그

현업에 계시는 치과 실장님들과 대화를 나누다 보면 항상 나오는 말이 있다. "사람 구하기 힘들다"는 얘기다. 이러한 문제를 해결하기 위해 치과계 내부에선 석션 같은 진료 보조업무를 기계로 대체하거나, 치과 보조 인력 제도를 확충하려는 여러 움직임이 있다. 하지만 많은 부분을 기계로 대체하고 구인 가능한 전체 모수가 늘어난다 해도, 리더가 인간의 보편적 특성에 대해 너무 모르면 결국 또 다른 문제에 시달리게 된다.

대인관계 문제를 오로지 돈과 기술로만 대처하려는 사람은 인간 사이에서 발생하는 작은 갈등에도 괴로워하기 때문이다. 무언가 얻게 되면, 반드시 다른 무언가를 잃는다는 걸 명심해야 한다.

마지막으로 책의 구성에 영감을 준 많은 분들(김재한 원장님, 장수원 원장님, 박광원 원장님, 엄주현 원장님, 손상현 실장님, 이주동 협회장님, 김소언 대표님, 정달영 실장님, 박소연 이사님, 김미영 이사님, 정득진 부방장님, 곽선화 실장님, 이훈 대표님, 전경희 실장님, 신준호 실장님, 이서연 실장님, 강혜민 팀장님, 김예빈 팀장님, 진호수 매니저님, 이윤지 선생님, 정수빈 선생님, 이예린 선생님, 김형대 소장님, 조진우 팀장님, 김근휘 과장님, 이은주 실장님, 김옥수 작가님, 우주방랑자 작가님, 어치님, 김재성 리더님, 김지수 리더님, 신주영 리더님, 신주연 리더님, 김라성 리더님, 이태규 대표님, 이은지 패널님, 이한울 패널님, 고경서 패널님, 김은혜 상담사님, 소중한 치과 동기들 재림, 경희, 슬기, 나윤, 윤해, 다영, 윤경이, 그리고 오랜 친구들인 경덕, 태준, 민수, 라재, 현태, 석현이, 마지막으로 사랑하는 가족 외 함께했던 많은 분들)께 감사함을 전하며 글을 마친다.

미주

---

1) 치의신보 차상관 기자 – 구인난 부채질하는 '사중고' 여전하다. https://www.dailydental.co.kr/

2) 16세기 이탈리아 정치철학자 마키아벨리로 인해 만들어진 용어로서, 군주는 국가의 목적을 위해 수단을 정당화할 수 있어야 한다는 일종의 정치이념.

3) 소크라테스 이전에 살았던 고대 그리스 철학자. "같은 강물에 발을 두 번 담글 수 없다"라는 말을 남겼으며, 세상의 본질을 변화의 상징인 '불'의 특성으로 설명했다.

4) 처음 들어온 정보가 나중에 들어온 정보보다 인간의 기억에 오래 남게 되는 심리적 현상. 대인관계에서 첫인상이 큰 영향을 주는 이유도 이

러한 초두효과 때문이다.

5) 갓 태어난 오리는 자신이 처음 보게 된 움직이는 대상을 어미라 여기는데, 이러한 현상을 각인효과라 한다.